Ayurveda
Oasen

Doris Iding
Katja Kaiser

Ayurveda Oasen

Die 100 besten Adressen in Europa, Indien und Sri Lanka

AT Verlag

AT Verlag, Baden und München
Lektorat: Kristin Bamberg, München
Fotos: Die Bilder wurden uns mit freundlicher Genehmigung von den porträtierten Hotels zur Verfügung gestellt.
Lithos: Vogt-Schild Druck, Derendingen
Druck und Bindearbeiten: Uhl, Radolfzell
Printed in Germany

ISBN 3-03800-258-5
ISBN 978-3-03800-258-1

www.at-verlag.ch

Inhalt

7 **Einführung**
10 Ayurveda – die Wissenschaft vom langen Leben
14 Ayurveda in Europa
15 Ayurveda in Asien

19 **Ayurvedahäuser in Deutschland**
20 Wellness-Ayurveda
33 Therapeutisches Ayurveda
40 Ayurveda pur
49 Ayurvedakliniken
50 Ausbildungsinstitute in Deutschland

53 **Ayurvedahäuser in Österreich**
54 Wellness-Ayurveda
69 Therapeutisches Ayurveda
70 Ayurveda pur

73 **Ayurvedahäuser in der Schweiz**
74 Wellness-Ayurveda
75 Therapeutisches Ayurveda
78 Ayurveda pur

81 **Ayurvedahäuser in Italien, Malta, Spanien**
82 Wellness-Ayurveda
88 Therapeutisches Ayurveda
92 Ayurveda pur

95 **Ayurvedahäuser in Indien**
96 Wellness-Ayurveda
101 Ayurveda pur
116 Ayurvedakliniken in Indien

123 **Ayurvedahäuser auf Sri Lanka**
124 Wellness-Ayurveda und Ayurveda pur

138 Glossar ayurvedischer Anwendungen
141 Dank
141 Literatur
142 Verzeichnis der vorgestellten Häuser

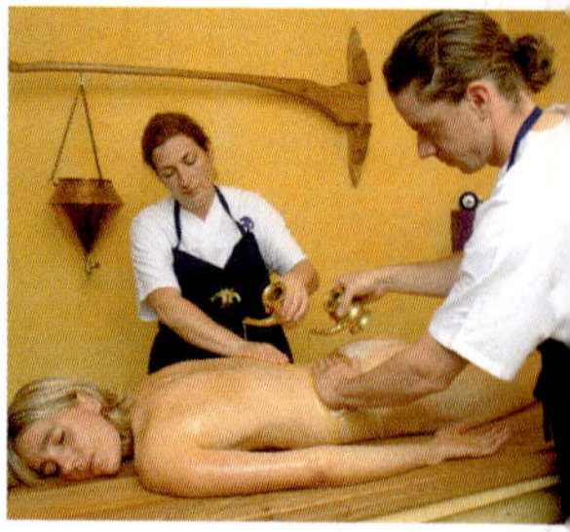

Einführung

Ayurveda wird zunehmend bekannter und beliebter. Vor zehn bis fünfzehn Jahren galt die Wissenschaft vom langen Leben als Geheimtipp. Heute genießen immer mehr Menschen die entspannende Wirkung verschiedener ayurvedischer Ölmassagen und den heilenden Effekt einer ayurvedischen Reinigungskur, um den Alltag erholt und gestärkt zu meistern. Damit trifft Ayurveda den Nerv der hektischen Zeit, in der Energie und Kraft vonnöten sind, um den hohen Anforderungen des Lebens gerecht zu werden. Und viele Menschen, die unter chronischen oder schweren Erkrankungen leiden, gelangen mit Ayurveda manchmal zu einer vollkommenen Heilung oder erhalten die Schulmedizin unterstützende Behandlungen.

Da Ayurveda mittlerweile auch von Schulmedizinern anerkannt wird, sind zunehmend mehr Menschen überzeugt davon und bereit, sich für ihre Gesundheit und ihr eigenes Wohlergehen ayurvedische Anwendungen zu gönnen. Diese Bereitschaft hat dazu geführt, dass Ayurveda nicht mehr nur in Kliniken in Indien und auf Sri Lanka praktiziert wird, sondern auch in vielen Luxushotels auf der ganzen Welt zu buchen ist. Hier kann man einzelne Ayurvedaanwendungen genießen oder unter der Aufsicht eines Ayurvedaarztes aus Indien oder Sri Lanka eine mehrwöchige Kur machen. Darüber hinaus wird auch in einfachen Hotels und Pensionen unter der Bezeichnung »Ayurveda« eine reiche Auswahl an Ölbehandlungen angeboten. Ob jedoch alles, was mit »Ayurveda« etikettiert ist, auch tatsächlich hochwertige Behandlungen garantiert, ist fraglich. Solange der Begriff »Ayurveda« nicht geschützt ist und es in Europa noch keine einheitlichen Richtlinien dafür gibt, wer sich Ayurvedatherapeut nennen darf, wird es weiterhin unzureichend ausgebildete und dementsprechend inkompetent arbeitende Ayurvedatherapeuten und ebenfalls Häuser geben, die Ayurveda anbieten, ohne wirklich erfasst zu haben, was Ayurveda bedeutet.

Wo aber findet man ein gutes Ayurvedaangebot, das auch den eigenen Ansprüchen und Bedürfnissen entspricht? So ist die eine schon vollkommen zufrieden, wenn sie einige wohltuende Ölmassagen erhält; ein anderer verbindet mit Ayurveda eine gründliche Entschlackung; und eine Dritte, die sich in einer Lebenskrise befindet und sich ausgebrannt fühlt, erhofft sich von einer Ayurvedakur Antworten auf wichtige Fragen des Lebens.

Um vor Ort tatsächlich das vorzufinden, was man sich von Ayurveda erwartet, sollte man sich vorab gründlich informieren. Denn der Markt bietet heute unter dem Begriff »Ayurvedakur« ein unübersichtliches Spektrum an Kurvariationen: von einer entspannenden einwöchigen Wellnesskur bis zur vierwöchigen Panchakarma-Kur. Vor diesem Hintergrund ist es für den an Ayurveda Interessierten schwer, die passende Kurdauer und den passenden Kurinhalt herauszufiltern.

Darüber hinaus gibt es sowohl in Asien als auch in Europa ein immer größer werdendes Angebot an Ayurvedazentren, -Resorts, -hotels und -kliniken. Lage, Ausstattung, Standard und Preisniveau variieren dabei sehr.

Um die Qualität der derzeitigen Angebote bewerten zu können, haben wir Hotels, Resorts und Kliniken in Europa und Asien getestet, in denen Ayurveda angeboten wird. Im vorliegenden Buch werden rund 100 Ayurvedahäuser vorgestellt.

Unsere Recherche zeigte auch, dass eine hohe Fluktuation bei gut ausgebildeten Ayurvedatherapeuten, Ayurvedaärzten und auch Ayurvedateams herrscht.

Bewertungskriterien

Um den ersten Überblick zu erleichtern, haben wir Ayurveda in drei Kategorien unterteilt – nämlich in Wellness-Ayurveda, in therapeutisches Ayurveda und in Ayurveda pur.

Wellness-Ayurveda liegen folgende Kriterien zugrunde: Die Masseure des Hauses, die ayurvedische Behandlungen geben, haben eine Ausbildung zum Wellness-Ayurveda-Masseur oder zum Ayurvedatherapeuten in einem heute anerkannten Institut wie Mahindra oder Seva abgeschlossen. Darüber hinaus besteht das Ayurvedaangebot des Hauses aus verschiedenen ayurvedischen Behandlungen, die die Masseure an einem der oben genannten Ausbildungsinstitute erlernt haben.

Therapeutischem Ayurveda liegen folgende Kriterien zugrunde: Die Masseure, die ayurvedische Behandlungen geben, weisen neben ihrer Grundausbildung zum Physiotherapeuten oder Heilpraktiker eine abgeschlossene Zusatzausbildung zum

Ayurvedatherapeuten auf, die sie an einem anerkannten Institut in Europa oder Asien absolviert haben. Des Weiteren beinhaltet das Ayurvedaangebot des Hauses verschiedene Behandlungen sowie Kurzkuren und auch ayurvedische Diagnostik. Das Haus bietet ayurvedische Kost; dieses letzte Kriterium ist jedoch kein Muss.

Ayurveda pur liegen folgende Kriterien zugrunde: Die die Ayurvedaabteilung leitenden Ärzte stammen aus Indien oder Sri Lanka und haben ihre Ausbildung zum Ayurvedaarzt in Asien abgeschlossen. Mit ihnen arbeitet ein Team von Therapeuten, die sie zumeist aus Indien oder Sri Lanka mitgebracht haben. Nach einer umfangreichen Diagnostik stellt der Ayurvedaarzt den Behandlungsplan zusammen, der dann vom Therapeuten umgesetzt wird. Es werden ayurvedische Gerichte angeboten.

Neben dem Ayurvedaangebot haben wir bei der Bewertung der Häuser deren Lage, deren Ambiente, Küche, Wellness- und Spabereich sowie die Freizeitmöglichkeiten mit einbezogen.
Da alle Häuser anhand eines achtseitigen Kriterienkatalogs von uns und einem Team getestet wurden, waren wir auf die Kooperation der Häuser angewiesen. Wir besuchten sie für einige Tage, um uns vor Ort persönlich von der Qualität überzeugen zu können und mit einigen Gästen zu sprechen. Daraus ergab sich dann unsere Bewertung.

Auf genaue Preisangaben haben wir verzichtet, da die Angebote in den unterschiedlichen Häusern sehr variieren. So kann man zum Beispiel in einem Hotel einzelne Anwendungen buchen, in einem anderen Hotel hingegen nur eine komplette Ayurvedakur. Aus diesem Grund haben wir die Häuser lediglich in drei Preiskategorien unterteilt. Diese setzen sich wie folgt zusammen:

Preiskategorie: Niedrig – Eine Übernachtung mit Frühstück oder Halbpension und einer kleinen ayurvedischen Behandlung kostet um die 100 Euro.

Preiskategorie: Mittel – Eine Übernachtung mit Frühstück oder Halbpension und einer ayurvedischen Behandlung kostet 150–200 Euro.

Preiskategorie: Hoch – Eine Übernachtung mit Frühstück oder Halbpension und einer ayurvedischen Behandlung kostet mindestens 200 Euro.

Preise für Panchakarma-Kuren haben wir hier nicht aufgeführt, da diese von den persönlichen Bedürfnissen abhängen und je nach Haupt- und Nebensaison sehr schwanken können. Da die Kur immer auf die individuellen Bedürfnisse abgestimmt wird, empfehlen wir, unbedingt vor der Kur ein aktuelles Preisangebot einzuholen.

Um die Auswahl eines Hauses zu erleichtern, erschien es uns als Richtlinie für den Leser, die Leserin sinnvoll, eine Bewertung vorzunehmen. Es wurden folgende Bewertungskriterien gewählt: Lage, Ambiente, Zimmer, Küche, Ayurveda, Wellness- und Spabereich sowie Freizeitangebot. Die einzelnen Bewertungskriterien wurden mit einem bis maximal sechs Sternen ausgezeichnet. Grundlagen für die Beurteilung des Ayurvedaangebots waren unter anderem: die Ausbildung des Ayurvedateams, des Therapeuten oder des Arztes, die Art und Vielfalt des Angebots an Therapien, die Qualität der ayurvedischen Küche, die Qualität und Atmosphäre der Behandlungsräume, die Qualität der bei den Behandlungen verwendeten Öle, die Qualität der ayurvedischen Konsultation und der Betreuung, die Qualität des Behandlungsverlaufs sowie die Empfehlungen, die der Arzt oder Therapeut dem Gast mit auf den Weg gibt.

Nun wünschen wir Ihnen viel Spaß bei der Auswahl »Ihrer« Ayurvedaoase, in der Sie Körper, Geist und Seele in Einklang bringen und den Aufenthalt mit allen Sinnen genießen können.

Doris Iding und Katja Kaiser

Ayurveda – die Wissenschaft vom langen Leben

Häufig wird Ayurveda mit »Wissenschaft vom langen Leben« übersetzt. Das Wort »Ayurveda« stammt aus dem Sanskrit, der alten Hochsprache Indiens, und setzt sich aus *ayus* (Leben) und *vid* (Wissen) zusammen. Traditionell geht es nicht darum, ewige Jugend zu erhalten, sondern das Leben, das jedem Menschen individuell gegeben ist, in bestmöglicher körperlicher und geistiger Verfassung sinnvoll zu erhalten.

Die Geschichte des Ayurveda

Die kulturhistorische Überlieferung von der Entstehung des Ayurveda verliert sich im Dunkeln, da die über 5000 Jahre alte Wissenschaft von den sogenannten Rishis, den Weisen, als göttliche Eingebung empfangen wurde und über einen langen Zeitraum nur mündlich vom Vater an den Sohn weitergegeben wurde.
Zu den ersten schriftlichen Überlieferungen, die Aufschluss über die Vorgeschichte des Ayurveda geben könnten, gehören die in Stein gehauenen Gesetzestexte des Herrschers Ashoka aus dem 3. Jahrhundert vor Christus und das sogenannte Bower-Manuskript aus dem 3. Jahrhundert nach Christus (Kirschner 2004: 20). Erst um Christi Geburt entwickelte sich das ayurvedische System, so wie es heute bekannt ist. Drei Textsammlungen (Samhitas) – die Caraka Samhita, die Sushruta Samhita und die Vaghata Samhita – stellen seit dieser Zeit die Basis für das Ayurveda dar, so wie es an den Universitäten gelehrt wird.
Bedeutsam für die Entwicklung des ayurvedischen Systems war auch der interkulturelle medizinische Austausch. So gab es zum Beispiel einen regen Wissenstransfer zwischen den Indern, den Griechen und später den Arabern, die unter anderem die Pulsdiagnose nach Indien brachten, die sehr bald populär wurde und auch heute noch als die ayurvedische Untersuchungsmethode schlechthin gilt.
Mit dem Einzug der Briten in Indien kam es vorerst zum Niedergang des Ayurveda, da es teilweise verboten oder zur Medizin zweiter Wahl degradiert wurde. Da eine vollständige Unterdrückung des Ayurveda in diesem großen Land nicht möglich war, kam es zu einer Gegenbewegung. Einige der einflussreichen, sanskritkundigen Heilerfamilien (Vaidya-Familien) kämpften um die Erneuerung des Ayurveda. Ihre Reformversuche waren erfolgreich. Die Nachfahren dieser Familien stehen auch heute noch für ein reines Ayurveda.
Heute erlebt Ayurveda wieder die Anerkennung, die ihm gebührt. So sind es nicht nur die Europäer, die nach Indien fahren, um sich ayurvedisch behandeln zu lassen; auch die indische Bevölkerung sucht wieder vermehrt den Ayurvedaarzt auf.
Ayurvedaärzte sind der westlichen Schulmedizin gegenüber aufgeschlossen. Viele von ihnen verfügen auch über umfangreiche Kenntnisse in westlicher Medizin und beziehen schulmedizinische Untersuchungsmethoden und etwa auch Laborwerte mit in ihre Befunderhebung ein. Umgekehrt hat auch die westliche Schulmedizin ein wachsendes Interesse an Ayurveda. Zunehmend absolvieren westliche Ärzte zusätzlich eine ayurvedische Ausbildung, zum Beispiel am Mahindra-Institut, und ayurvedische Ärzte werden in Krankenhäuser integriert – so etwa in der Habichtswaldklinik in Kassel oder in der Asklepios Neurologischen Klinik Falkenstein.

Die drei Doshas Vata, Pitta und Kapha

Die drei Doshas spielen im Ayurveda eine zentrale Rolle. Sie setzen sich aus den fünf Elementen der ayurvedischen Elementenlehre zusammen. Nach dieser besteht das gesamte Universum und auch der menschliche Körper aus *prithivi* (Erde oder Masse), aus *vayu* (Luft), aus *akasha* (Äther bzw. Raum), aus *jala* (Wasser) und aus *agni* (Feuer). Alles, was sich zu Materie verdichtet, hat diese fünf Elemente in sich vereint. Diese fünf Elemente stellen die Bioenergien bzw. die Lebensenergien dar. Die Eigenschaften der drei Doshas ergeben sich aus den Eigenschaften der Elemente, denen sie zugeordnet werden.

Vata setzt sich aus den Elementen Luft und Äther zusammen. Es ist für jede Form der Bewegung verantwortlich, die sich im Körper vollzieht, und gilt als die Lebensenergie schlechthin. Vata steht auch für die Sinne, die Aktivität des Nervensystems und die Atmung.

Pitta, das thermische Prinzip, setzt sich aus den Elementen Wasser und Feuer zusammen. Es ist für Stoffwechsel und Verdauung zuständig, also für die biochemischen Vorgänge im Körper.

Kapha setzt sich aus den Elementen Wasser und Erde zusammen. Es steht für die Struktur und den Aufbau des Körpers, für Wachstum und Gelenkigkeit.

Jeder Mensch besitzt von Geburt an eine bestimmte, ganz individuelle Mischung der drei Doshas Vata, Pitta und Kapha, die als *prakriti* bezeichnet wird. Im Ayurveda geht man davon aus, dass sich jeder Mensch bei der Geburt in einer für ihn eigenen Balance der Doshas befindet.

Zu Beginn einer therapeutischen Behandlung oder einer Panchakarma-Kur versucht der Ayurvedatherapeut oder Ayurvedaarzt zuerst festzustellen, welches Mischungsverhältnis der drei Doshas bei einem Patienten aktuell vorliegt. Dieses weicht zumeist von dem der Geburt – etwa stress- oder ernährungsbedingt – ab. Dieses Ungleichgewicht wieder aufzulösen, um so Krankheiten vorzubeugen, ist eine der wichtigen Aufgaben des Ayurveda.

Möglichkeiten und Grenzen des Ayurveda

Die Doshas in Balance zu halten oder wieder in Balance zu bringen spielt im Ayurveda also eine wichtige Rolle. Eine auf den jeweiligen Menschen und seine Konstitution abgestimmte Ernährung, ein ihm angemessenes Verhalten, verschiedene Körperbehandlungen und regelmäßige Ayurvedakuren mit anschließender Einhaltung ayurvedischer Richtlinien machen dies möglich. Indem die Doshas wieder in eine Balance kommen, werden sowohl das Immun- und das Nervensystem wie auch das Verdauungssystem gestärkt. Die Selbstheilungskräfte werden angeregt, man verliert Gewicht, und das Energieniveau wird angehoben. Mit ausbalancierten Doshas geht zudem eine Stressreduktion, eine tiefere Entspannung und auch ein gesünderes Aussehen, besonders der Haut, einher.

Heilerfolge durch Ayurveda

Im medizinischen Bereich ist Ayurveda besonders erfolgreich in der Behandlung von chronischen Krankheiten. Besonders gute Heilerfolge wurden bei Allergien, Arthritis, Arthrose, Bluthochdruck und Bronchitis und auch bei chronischen Schmerzen, Diabetes, Depressionen, Durchblutungsstörungen und Gelenkproblemen erzielt. Darüber hinaus wurden Hauterkrankungen wie Schuppenflechte und Neurodermitis, Heuschnupfen, Herz-Kreislauf-Störungen, Ischiasbeschwerden und auch Migräne, rheumatische Erkrankungen und Verdauungsstörungen gelindert oder geheilt.

Gesundheit erhalten

Laut Ayurveda kann man durch eine gute Diagnostik erkennen, wo im Körper das Ungleichgewicht der Doshas langfristig in eine Krankheit münden kann. Aus diesem Grund legt Ayurveda großen Wert auf die Erhaltung der Gesundheit und empfiehlt zahlreiche vorbeugende Maßnahmen um ein langes Leben in größtmöglicher körperlicher Gesundheit und in geistiger Harmonie zu führen. Deshalb raten Ayurvedaärzte ihren Patienten auch nach einer Ayurvedakur ganz allgemein zu einer geregelten Lebensführung, das richtige Maß in allen Lebensbereichen zu halten sowie zu einem achtsamen und sorgfältigen Umgang mit Körper und Geist.
Darüber hinaus geben sie ganz individuelle Empfehlungen, besonders zur Ernährung. Bei der Umsetzung sollte man den goldenen Weg der Mitte gehen, denn nicht immer sind die Ratschläge, die etwa ein indischer Ayurvedaarzt einem deutschen Gast in Kerala gibt, zu Hause genau übertragbar. Hält man sich im Rahmen seiner Möglichkeiten an diese Ratschläge, wird man an der eigenen körperlichen und seelischen Verfassung nachhaltig positive Auswirkungen spüren.

Grenzen des Ayurveda

Auch wenn durch Ayurveda viele chronische Erkrankungen geheilt werden können, wirken ayurvedische Behandlungen bei unheilbaren Krankheiten wie zum Beispiel Krebs lediglich unterstützend. Im

Fall von nicht heilbaren Krebserkrankungen werden ayurvedische Anwendungen meist im Anschluss an eine schulmedizinische Therapie eingesetzt, um die Nebenwirkungen chemischer Behandlungen oder von Operationen zu reduzieren und um die Patienten wieder zu Kräften zu bringen.
Krebspatienten aus Europa können sich einer speziellen, zur heimischen schulmedizinischen Behandlung ergänzend eingesetzten Behandlung in einer Ayurvedaklinik in Indien oft nur vier bis acht Wochen unterziehen, da sie dann wieder ihren Verpflichtungen zu Hause nachkommen müssen. Die aus Asien mitgenommenen Medikamente reichen für etwa ein Jahr. Mehr wäre auch nicht sinnvoll, da die meist pflanzlichen Bestandteile dieser Medizin dann ihre Wirkung verlieren. Der Zustand des Patienten verbessert sich häufig durch die Kur in Indien; die Wirkung der ayurvedischen Therapie erschöpft sich allerdings im Laufe der Zeit nach der Rückkehr in die Heimat. Das kann an der nachlassenden Wirkung der Medikamente liegen oder daran, dass die Ernährungsempfehlungen nicht mehr so streng eingehalten werden oder der Patient wieder unter zu großem Stress steht. Darüber hinaus gibt es eindeutige Grenzen bei der ayurvedischen Krebstherapie, etwa bei ausgeprägter Metastasenbildung oder auch bei durch intensive Chemotherapie hervorgerufenen starken Reaktionen (diese Einschätzungen von der Wirksamkeit des Ayurveda bei Krebserkrankungen stammen von Dr. S.N. Gupta M.D. und Vaidya Tapankumar M.D.).

Die Spielarten des Ayurveda

Wellness-Ayurveda, therapeutisches Ayurveda und Ayurveda pur

Wellness-Ayurveda ist die sanfteste Form des Ayurveda. Es ist für jene geeignet, die keine gesundheitlichen Probleme haben, sondern lediglich neue Kräfte sammeln, Stress abbauen und das Wohlbefinden steigern wollen. Dabei werden die woh ltuenden, dem Gast zugewandten Berührungen des Masseurs oder der Masseurin während der Massage oft als eine Wohltat für die Seele empfunden.

Therapeutisches Ayurveda eignet sich für jene, die bestimmte Symptome oder Krankheiten haben. Wenn möglich sollten sich die Behandlungen dabei über mehrere Tage erstrecken. Kuren im Sinne des therapeutischen Ayurveda werden auch als Purvakarma-Kuren bezeichnet. Bei einer Purvakarma-Kur stehen Ölanwendungen und Schwitzen im Vordergrund, um in Disbalance geratene Doshas zu beruhigen und auszugleichen, sodass keine Symptome mehr spürbar sind. Im Vergleich zur Panchakarma-Kur des Ayurveda pur tritt zwar ein schnellerer Erholungseffekt ein, doch die Purvakarma-Kur ist weniger nachhaltig und weniger tiefgreifend als die Panchakarma-Kur. Purvakarma-Kuren, auch Ayurveda-Wellness-Kuren genannt, werden in Europa zahlreich angeboten.

Ayurveda pur ist für Menschen geeignet, die eine Panchakarma-Kur – sie wird auch als Königsweg bezeichnet – machen möchten. Dabei handelt es sich um eine tiefgreifende körperliche und seelische Reinigung. Bei der Panchakarma-Kur werden verschiedene Methoden eingesetzt, um giftige Stoffwechselprodukte, unverdaute Nahrungsbestandteile und Umweltgifte auszuscheiden. Auf der geistigen und emotionalen Ebene sollte es zur Lösung von belastenden Erfahrungen und unverarbeiteten Konflikten kommen. Während der Kur wird das Immunsystem stabilisiert, und körpereigene Selbstheilungskräfte werden wieder in Gang gesetzt. Die Reinigung berührt tiefe Zellebenen im gesamten Organismus, was besonders bei chronischen Erkrankungen große Heilerfolge mit sich bringt. Auch auf der geistigen und emotionalen Ebene kann ein Mensch durch eine Kur eine tiefe Wandlung erleben, sodass Körper, Geist und Seele zu ihrem ursprünglichen Gleichgewicht zurückkehren.

Panchakarma – die »fünffache Reinigung«
Frei übersetzt bedeutet Panchakarma »fünffache Reinigung«. Das heißt, dass der Körper auf fünf verschiedene Arten gereinigt werden kann, wobei für den Behandlungsablauf immer die jeweilige Konstitution des zu Behandelnden, die durch eine eingehende Untersuchung und die Konstitutionsbestimmung durch den Ayurvedaarzt festgestellt wird, die Grundlage bildet.

In Indien darf die klassische Panchakarma-Kur nur unter Aufsicht eines Ayurvedaarztes durchgeführt werden. Für eine erfolgreiche traditionelle Kur muss der Patient ein hohes Maß an Geduld und Konsequenz aufbringen. Dazu gehört eine positive Einstellung zur gesamten Kur, inklusive Nachkur zu Hause und die Bereitschaft zur Mitarbeit in Selbstverantwortung. Die traditionelle Kur gemäß den klassischen Texten des Caraka Samhita umfasst zwei vorbereitende Maßnahmen (Poorvakarma) und eine in fünf Schritte unterteilte Hauptbehandlung (Pradhanakarma) sowie eine aufbauende Nachbehandlung.

Vorbereitende Maßnahmen (Poorvakarma)
Bevor die eigentliche Reinigung beginnen kann, müssen giftige Schlackenstoffe, die sich im Laufe der Zeit im Gewebe angesammelt haben, aufgeweicht werden. Zu diesem Zweck wird der Körper einige Tage mit einer Ölkur und anschließend mit einer Schwitzkur behandelt.

Ölkur (Snehakarma): Dabei trinkt man mehrere Tage ein mit frischen Heilpflanzen aufbereitetes Sesam-, Getreide- oder Sonnenblumenöl oder aber Ghee, das heißt geklärtes flüssiges Butterfett. Die Menge hängt von der Diagnose ab. Über den ganzen Tag verteilt werden bis zu mehreren Tassen davon getrunken. Stellt man in diesen Tagen Öl im Schweiß oder im Stuhl fest, oder befällt den Behandelten Übelkeit, wird die Ölkur sofort abgebrochen. Bei Übelkeit sollte man sofort den Arzt benachrichtigen. Das Ziel ist dann erreicht, wenn Öl über den Darm abgeht. Die hier aufgeführte Gheekur ist allerdings selbst unter Ayurvedaärzten umstritten. So wird sogar von Fachleuten davon abgeraten, bei erhöhtem Cholesterinspiegel oder bei eingeschränkter Leberfunktion Ghee zu verabreichen. Andere behaupten hingegen, dass sich das Trinken von Ghee nicht nachteilig auf diese Werte auswirkt. Aus diesem Grund sollten Sie vor einer Kur auf jeden Fall einen Arzt Ihres Vertrauens aufsuchen.

Schwitzkur (Swedakarma): Bei den an die Ölkur anschließenden Schwitzbehandlungen, die im Dampfbad oder durch das Auflegen heißer Reissäckchen erfolgen, werden die aufgeweichten Schlackenstoffe aus dem Gewebe gelöst und in den Magen-Darm-Trakt befördert. Diese Behandlung kann bis zu sieben Tage dauern.

Hauptbehandlungen (Pradhanakarma)
Die aufgeweichten Schlackenstoffe sind durch die Vorbehandlungen in den Magen-Darm-Trakt gelangt. Die Hauptbehandlungen haben nun den Zweck, diese Stoffe über Mund, Darm, Harnwege, Blutgefäße und Schweißdrüsen aus dem Körper auszuscheiden.

Die fünf Hauptbehandlungen zielen jeweils auf ein bestimmtes Dosha, das jeweils einen spezifischen Sitz im Körper hat. Kapha befindet sich im oberen Körperbereich, im Magen, in den Lungen und in den Nebenhöhlen; Pitta hat seinen Sitz im Dünndarm, in der Leber und der Galle; Vata wird dem Dickdarm zugerechnet. Je nach diagnostizierter Überschüssigkeit des oder der Doshas verordnet der Ayurvedaarzt die Ausleitung durch das entsprechende Verfahren.

Therapeutisches Erbrechen (Vamana): Hierbei wird der Patient angeleitet, zu fasten und zu erbrechen. Wie häufig das zu geschehen hat, wird vom Ayurvedaarzt vorgegeben. Abgebrochen wird sofort, wenn sich Galle im Erbrochenen befindet. Verordnet wird diese Therapie unter anderem bei Erkältungen, verschleimten Atemwegen und Asthma. Erwünschte Wirkungen sind beispielsweise eine bessere Verdauung, die Abnahme der typischen Krankheitssymptome, Leichtigkeit im Körper.

Abführkur (Virecana): Je nach Konstitution und Diagnose verabreicht der Ayurvedaarzt verschiedene pflanzliche Abführmittel, die täglich bis zu 30 Darmentleerungen bewirken. Die Abführkur entfernt Schlacken und Giftstoffe aus dem Dünndarm und der Leber. Diese Therapie wird zum Beispiel verordnet bei Erkrankungen der Haut und bei Überbelastung der Leber. Erwünschte Wirkungen sind unter anderem eine Regulierung des Appetits sowie eine größere Klarheit der Wahrnehmung.

Medizinische Öl-Darmeinläufe (Basti): Bei einem Basti werden medizinisch wirksame Flüssigkeiten wie Sesamöl oder Kräuterabkochungen rektal (in den Mastdarm) eingeführt. Solche Darmeinläufe werden unter anderem bei Übersäuerung, bei Blähungen und auch bei Verstopfung angewendet.

Reinigung des Kopfes (Shiroyirchana): Hierzu werden Pflanzenabsude in die Nase getropft oder geblasen. Bei der Nasenmassage wird der in medizinisches Öl getauchte Finger so tief wie möglich in das Nasenloch eingeführt.

Aderlass (Raktamokshana): Hierbei werden Blutegel oder erwärmte Gläser auf bestimmte Körperzonen aufgesetzt oder Haut oder Venen eingeritzt. Diese Anwendungen werden unter anderem bei Hautkrankheiten wie Ekzemen und Wundrose vorgenommen.

Nachbehandlungen
In einer mehrtägigen Nachbehandlung wird der Behandelte langsam wieder vom Fasten über diätische Kost auf die normale ayurvedische Ernährung umgestellt. Er wird mit entspannenden Behandlungen verwöhnt und darf sich sogar das eine oder andere Lieblingsgericht aussuchen.

Die Nachkur beginnt erst zu Hause. Diese Zeit stellt hohe Anforderungen an die Selbstdisziplin des Kurenden. Dieser muss nämlich den Ernährungs- und Verhaltensempfehlungen weiter Folge leisten und darf nicht in alte Gewohnheiten abgleiten.

Panchakarma-Kuren für Europäer

Die hier aufgeführte klassische Panchakarma-Kur wird in ihrer ursprünglichen Form normalerweise nur in indischen Krankenhäusern angeboten. Da Europäern die vollständige klassische Kur schwerfällt – insbesondere etwa die Praktiken des herbeigeführten Erbrechens oder das Ansetzen von Blutegeln –, existieren heute zahlreiche Abwandlungen der klassischen Kur, die jedoch auch unter dem Namen Panchakarma laufen. Diese sind in der Reinigungsform abgemildert und an die Bedürfnisse der Europäer angepasst. Doch auch bei diesen sollte man sich genau überlegen, ob man wirklich bereit ist, für 21 Tage – so lange dauert im Schnitt eine Panchakarma-Kur – sowie für die anschließende Zeit der Nachkur zu Hause seine Gewohnheiten zu ändern.

Ayurveda in Europa

Heutzutage muss man nicht mehr nach Indien oder Sri Lanka reisen, um in den Genuss einer authentischen Ayurvedamassage oder einer Panchakarma-Kur zu kommen. Mittlerweile wird auch in Europa erstklassiges Ayurveda angeboten. Auch findet man seit einiger Zeit in ganz Europa Ayurvedaärzte aus Indien oder Sri Lanka, die in Hotels oder Kliniken praktizieren.

Gründe für Ayurveda in Europa

Wer noch nie mit Ayurveda in Kontakt gekommen ist, tut gut daran, einen mehrtägigen Schnupperaufenthalt im eigenen Land auszuprobieren. Dabei lässt sich schnell feststellen, ob man überhaupt Freude an ayurvedischen Behandlungen und ayurvedischer Ernährungsweise hat.
Wer nur etwa zehn Tage zur Verfügung hat, tut sich selbst und seinem Körper keinen Gefallen, wenn er den langen Flug nach Asien auf sich nimmt.
Außerdem verträgt auch nicht jeder das manchmal subtropische, manchmal heiße Klima Asiens und leidet bei der Umstellung vom unter Umständen kalten Winter in Europa zur tropischen Hitze, die einen in Indien oder Sri Lanka erwarten kann. Davon abgesehen braucht der Körper sowohl zu Beginn als auch nach Beendigung der Kur einige Tage, um sich auf das Klima in Asien und dann wieder jenes in Europa einzustellen. Die meisten Menschen müssen jedoch nach ihrer Rückkehr sofort wieder in den Berufsalltag eintreten, sodass ihnen nicht die notwendige Zeit bleibt, um sich langsam wieder umzustellen. Für Menschen, die mit solchen Umstellungen Schwierigkeiten haben, ist eine Ayurvedakur in Europa empfehlenswerter. Wer auf ein wärmeres Klima während der Kur nicht verzichten möchte, findet mittlerweile zum Beispiel auf der maltesischen Insel Gozo oder auf Mallorca qualitativ adäquate Angebote ayurvedischer Kuren.
Bei Vorliegen einer schwer wiegenden Krankheit sind die Strapazen des langen Fluges und der Klimaumstellung wohl ebenfalls stärker zu gewichten als die Vorteile einer Ayurvedakur im Ursprungsland.

Auch wer kein oder nur wenig Englisch spricht, wird sich in heimischen Gefilden wahrscheinlich wohler und besser verstanden fühlen als in Indien oder auf Sri Lanka. Hier stehen zwar Dolmetscher für die Behandlungen zur Verfügung, aber man sollte berücksichtigen, dass die allgemeine Verständigung während des Aufenthalts in Englisch erfolgt.
Für eine Ayurvedakur in Europa sprechen als weiterer Vorteil die oft mit einheimischen Gemüse- und Obstsorten zubereiteten Mahlzeiten. So bekommt man gute Anregungen, was man im Anschluss an die Kur zu Hause kochen kann.

Gründe gegen Ayurveda in Europa

In Europa gibt es bislang keine einheitlichen Richtlinien für eine Qualifikation in Ayurveda, weshalb die Gefahr besteht, nicht hinreichend kompetent behandelt zu werden. Im Gegensatz dazu sind die Richtlinien in Indien genau festgelegt. Dort dauert das Studium zum Ayurvedaarzt normalerweise fünfeinhalb Jahre. Der Absolvent erhält dann den Titel »Bachelor of Ayurvedic Medicine and Surgery« (B.A.M.S.). Darüber hinaus gibt es Postgraduierten-Studiengänge für ayurvedische Ärzte, die sich weiter qualifizieren wollen, und auch traditionelle Ausbildungsgänge, bei denen ein Schüler jahrelang von einem ayurvedischen Lehrmeister angeleitet wird. Diese Ausbildungen, die in sehr familiären Strukturen stattfinden, genießen einen sehr guten Ruf.

Ayurveda in Asien

In Indien wird Ayurveda im Allgemeinen strikter gehandhabt als auf Sri Lanka. Dort werden großzügige Zugeständnisse an die europäischen Bedürfnisse gemacht, ohne den Kurerfolg jedoch zu gefährden.

Buchung über einen Veranstalter

Wer keine oder nur wenig Erfahrung mit Fernreisen oder mit Ayurvedakuren in Asien hat, sollte sie über einen Reiseveranstalter buchen, der sich auf Ayurvedakuren spezialisiert hat. Dabei handelt es sich oft um kleinere Büros, die ein begrenztes, aber ausgewähltes Angebot haben. Aytour beispielsweise bietet unterschiedliche Ayurvedahäuser, -Resorts und -kliniken in Asien und Europa an. Der Geschäftsführer, Uwe Endres, besucht regelmäßig die einzelnen Häuser und überprüft deren Qualität, um seinen Kunden das ihren Wünschen und Bedürfnissen am besten entsprechende Haus empfehlen zu können.
Der Vorteil bei einer Buchung über einen Reiseveranstalter besteht darin, dass die vollständige Reisevorbereitung inklusive Buchung des Fluges und Transfer zu dem Ayurveda-Resort übernommen wird. Das hat auch den Vorteil, dass man bei eventuell auftretenden Schwierigkeiten vor Ort einen Ansprechpartner hat, an den man sich wenden kann.

Ayurvedakur selbst buchen

Wer seine Reise selbst zusammenstellen möchte, kann Geld sparen, wenn er Spaß an Recherche und Schnäppchensuche hat. Hier und da findet man ein sehr günstiges Angebot. Einige Resorts zum Beispiel geben in der Nebensaison enorme Preisnachlässe.
Plant man die Reise selbst, sind auch die Kosten für das Visum für Indien, für den Flug und den Transfer vom Flughafen zum Resort zu berücksichtigen. Hinzu kommen die Kosten für Übernachtung, die ayurvedischen Anwendungen und Medikamente.
Bei einer Panchakarma-Kur sollten alle vom Ayurvedaarzt verordneten Behandlungen inbegriffen

sein. Zwar wird die genaue Anzahl der Anwendungen erst nach der Diagnose vor Ort festgelegt, aber eine Mindestanzahl von Behandlungen sollte gewährleistet sein. Ebenfalls sollten im Preis für die Kur alle verordneten Heilmittel und Medikamente, Vollpension, Yoga und Meditation sowie die Kosten für den Dolmetscher enthalten sein.
Sind alle anfallenden Kosten ermittelt, lohnt es sich, die Summe mit dem Preis für eine bei einem Spezialisten für Ayurvedareisen gebuchte Kur zu vergleichen.

Tipps bei schweren Erkrankungen

Wer unter einer chronischen oder schweren Erkrankung leidet, sollte sich vor Kurantritt zu Hause mit einem erfahrenen Ayurvedaarzt in Verbindung setzen. Die in Europa tätigen Ayurvedaärzte arbeiten oft mit Kliniken in Indien oder auf Sri Lanka zusammen oder können meist eine Klinik oder ein Resort empfehlen, die oder das auf die Behandlung verschiedener Beschwerden spezialisiert ist. Wer keinen Ayurvedaarzt kennt oder lieber eigenständig mit einer Ayurvedaklinik oder einem Ayurveda-Resort Kontakt aufnehmen möchte, sollte sich vorab genau informieren.
Abzuklären ist zum Beispiel, ob das Resort auf die Behandlung der Beschwerden spezialisiert ist, wie sich dort die Behandlung der betreffenden Beschwerden gestaltet und auch wie die Behandlungsaussichten erfahrungsgemäß sind. Außerdem empfiehlt es sich, im Vorfeld zu eruieren, welche Kurdauer von den Ayurvedaärzten für die Behandlung der Beschwerden empfohlen wird und welche beim Hausarzt zu beschaffenden Unterlagen dort benötigt werden. Schließlich ist es sinnvoll zu erfragen, zu welchen auf die Kur vorbereitenden Maßnahmen der Ayurvedaarzt rät.
Generell sind keine Impfungen für die Einreise nach Indien und nach Sri Lanka vorgeschrieben. Jedoch treten in beiden Ländern tropische Krankheiten auf. Hinsichtlich der Malariaprophylaxe gibt es unterschiedliche Meinungen. Erkundigen Sie sich, ob Sie in ein Malariagebiet reisen und sprechen Sie sich dann gegebenenfalls mit einem Arzt Ihres Vertrauens ab, ob und was aus schulmedizinischer Sicht sinnvoll ist zu unternehmen.
Von Medikamenten, die Sie regelmäßig einnehmen müssen, sollte ein entsprechender Vorrat mitgenommen werden. Denn es kann sein, dass diese in Asien nicht erhältlich sind.
Dem Ayurvedaarzt sollte man auf jeden Fall mitteilen, welche Medikamente man regelmäßig einnimmt. Auf keinen Fall sollte man ohne Rücksprache mit dem Ayurvedaarzt die Medikamente absetzen.

Ayurvedakur und Rundreise in einem Urlaub?

Grundsätzlich wird empfohlen, das Land vor der Ayurvedakur zu bereisen. Dies hat den Vorteil, dass man sich durch eine Rundreise oder einen Strandurlaub bereits an das Klima, das Land und die Leute gewöhnen kann. Darüber hinaus kann man etwa auch die eine oder andere kulinarische Spezialität genießen, die der Ayurvedaarzt für die Kur und die Nachkur vom Speiseplan streicht, um den Kurerfolg zu gewährleisten. Auch das Schwimmen im Meer ist während und nach der Kur nicht gestattet.
Bei der Ayurvedakur selbst stehen Ruhe und Regeneration im Vordergrund. Aus diesem Grund raten die Ayurvedaärzte von vielfältigen Aktivitäten während der Kur ab.

Allein oder mit Partner zur Kur?

Es kann schwierig sein, wenn ein Paar zusammen nach Indien oder nach Sri Lanka reist und nur einer von beiden eine Ayurvedakur macht, während der andere lediglich einen Erholungsurlaub genießen möchte. Die Bedürfnisse und Erwartungen werden vermutlich vollkommen unterschiedlich sein, denn das Ruhebedürfnis des Kurenden und die Unternehmungslust des Urlaubsuchenden stehen in völligem Gegensatz zueinander.
Wollen hingegen beide Partner eine Ayurvedakur machen, ist unter Umständen zu erwägen, dennoch statt eines Doppelzimmers zwei Einzelzimmer zu buchen, damit beide die Möglichkeit des Rückzugs haben.

Ayurvedakliniken in Indien – Was Sie wissen sollten

In Ayurvedakliniken in Indien steht die Behandlung von gesundheitlichen Störungen und Krankheiten im Mittelpunkt. Sie bieten dementsprechend meistens authentisches Panchakarma an und/oder krankheitsspezifische Therapien. Wellness-Ayurveda wird dort nicht praktiziert.

Ausstattung und Ambiente indischer Ayurvedakliniken sind normalerweise einfach und funktional und bieten damit eine Atmosphäre, die für Europäer sehr ungewohnt sein kann. Aus diesem Grund haben wir beim Testen indischer Ayurvedakliniken Ambiente und Ausstattung nicht berücksichtigt und uns auf jene konzentriert, die einen guten medizinischen Ruf haben.

Ayurveda auf Sri Lanka – Was Sie wissen sollten

Normalerweise finden die täglichen Behandlungen direkt hintereinander statt und können bis zu zweieinhalb Stunden dauern. Das kann als sehr anstrengend empfunden werden. Als Reaktionen können Kopfschmerzen, Migräne und anderes ausgelöst werden. In einem solchen Fall ist es wichtig, vor der nächsten Behandlung mit dem Ayurvedaarzt zu sprechen, damit die weitere Behandlungsabfolge der momentanen Verfassung angepasst werden kann. Da der Ayurvedaarzt nicht täglich vor den Behandlungen zu Rate gezogen wird, muss man bei körperlichen Reaktionen oder Unwohlsein die Eigenverantwortung übernehmen und seine körperliche Befindlichkeit äußern. Die Masseure und Masseurinnen führen nur das vom Arzt verordnete Programm aus und ändern dieses erst nach einer erneuten ärztlichen Vorgabe.

Auch sollte man, wenn man sich bei einer Behandlungsmaßnahme unbehaglich fühlt – etwa, wenn man während der Behandlung unbequem liegt oder friert oder der Svedana zu heiß ist –, dieses den Masseurinnen umgehend mitteilen, denn sie sind zum Teil noch sehr jung und oft unerfahren.

In vielen Ayurveda-Resorts wird schon zum Frühstück neben der vegetarischen Kost Fleisch und Fisch angeboten. Insgesamt ist die Speisenauswahl sehr groß. Vor allem das Nachspeisenbüfett ist in vielen Häusern mit einer großen Auswahl an Früchten sowie mit Pudding und Kuchen sehr verführerisch. Die Vata-, Pitta- und Kapha-Gerichte stehen meistens separat bereit. Suppen und Nachspeisen sind nicht kategorisiert. In vielen Häusern sind auch Kaffee und schwarzer Tee nicht automatisch tabu. Wenn man möchte, bekommt man beides. Auch beim Essen ist also Eigenverantwortung gefordert, das heißt, sich an die Vorgaben des Ayurvedaarztes zu halten und diese bei der Auswahl der Speisen und auch bei der Menge, die man zu sich nimmt, zu bedenken. Denn was für den einen ungünstig ist, kann für den anderen gut sein.

Bei unserer Recherche haben wir im Gespräch mit vielen Gästen festgestellt, dass die meisten von ihnen nicht viel oder gar nichts von Ayurveda wussten. Gerade für solche Gäste wäre eine ausführliche Information zum Thema Ayurveda sehr wichtig. Allerdings sprechen die Ayurvedaärzte und deren Mitarbeiter meistens mehr oder weniger schlecht Englisch und nur selten Deutsch. Umgekehrt können viele der Gäste selbst kaum Englisch. Eklatante Verständigungsprobleme sind die Folge, was natürlich besonders bei den ärztlichen Konsultationen von Bedeutung ist.

Klären Sie diese Punkte deshalb vor Reisebeginn, damit Ihre Ayurvedakur den größtmöglichen Erfolg hat, den wir Ihnen von ganzem Herzen wünschen!

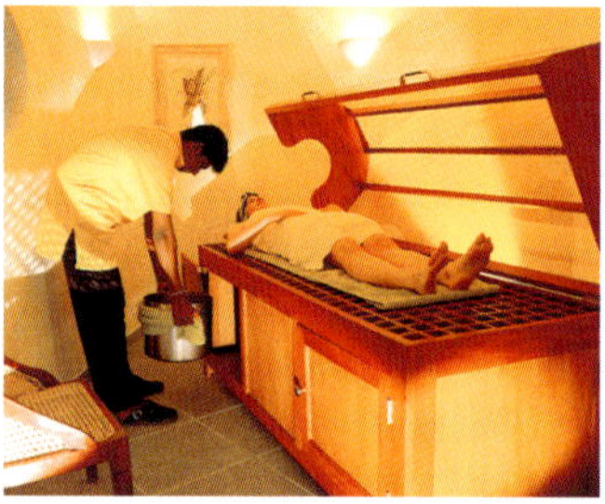
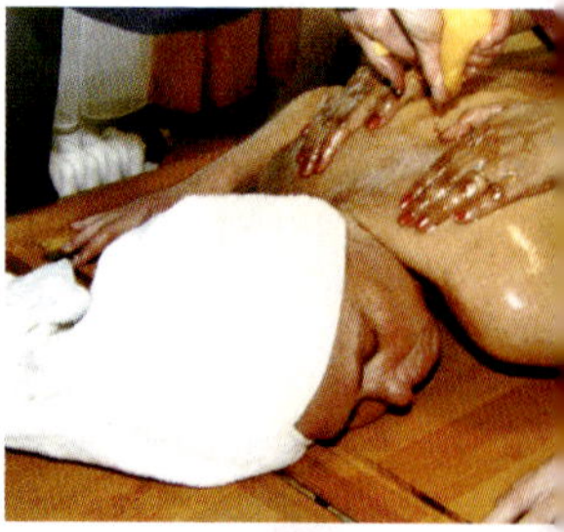
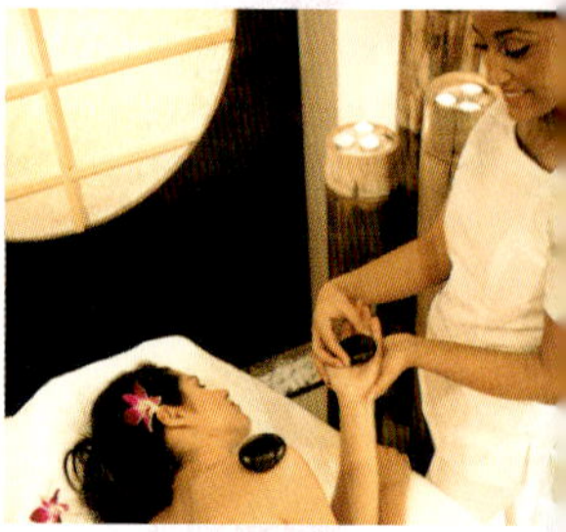

Ayurvedahäuser in Deutschland

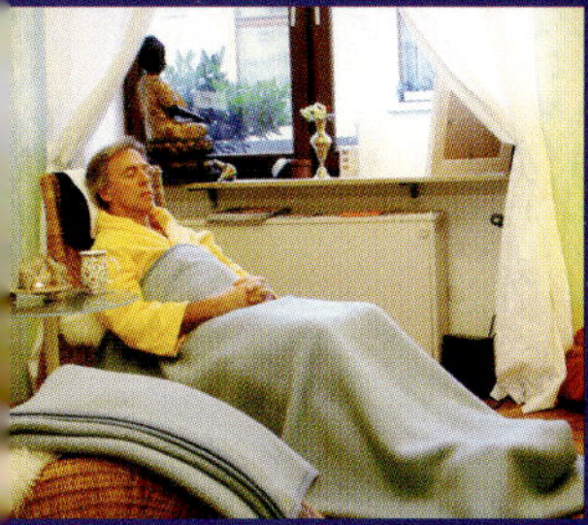

Wellness-Ayurveda

Grand Hyatt Berlin

Marlene-Dietrich-Platz 2
D-10785 Berlin
Telefon +49 (0)30 25531234
berlin@hyatt.de
www.berlin.grand.hyatt.de

Hier bettet sich während der Berlinale alles, was in der Filmbranche Rang und Namen hat. Das Haus ist modern und bietet allen Komfort eines Luxushotels. Von der Spaanlage hat man einen wunderbaren Blick über die Metropole. Die Ayurvedamassagen sind wohltuend und entspannend, haben allerdings nicht viel mit ursprünglichem Ayurveda zu tun.

Preiskategorie: Hoch

Lage * * * * *
Das »Hyatt« liegt am Potsdamer Platz. Direkt gegenüber befinden sich das Filmfestspielhaus, ein großes Casino und ein Nachtclub. Von den Zimmern aus hat man einen schönen Blick über die ganze Stadt.

Ambiente * * * * *
Das Hotel ist sehr modern und entspricht einem führenden Luxushotel.

Zimmer * * * * *
Die luxuriösen Zimmer sind sehr modern eingerichtet. Sie haben ein separates Bad und WC. Auch in den Standardzimmern gibt es einen frischen Obstteller.

Küche * * * * *
Die Gerichte aus frischen und saisonalen Produkten sind köstlich. Das Design des Restaurants ist futuristisch und das Showküchenkonzept beeindruckend. Die Küche befindet sich im großen Speisesaal, sodass man den Köchen bei der Arbeit zusehen kann.

Ayurveda *
Angeboten werden ayurvedische Massagen zu 30, 45, 60 und 90 Minuten oder eine Synchronmassage bei Kerzenlicht. Verwendet wird Sonnenblumenöl. Einen traditionellen Stirnguss gibt es nicht. Wir erhielten eine wohltuende Körper- und eine Kopfmassage mit warmem Öl. Sie erinnerten zwar an Ayurveda, waren aber nicht vergleichbar mit authentischen Ayurvedabehandlungen. Wer solche sucht, kommt hier nicht auf seine Kosten.

Wellness- und Spabereich * * * *
Der Club Olympus, Spa und Fitness, und das Aveda und Shiseido Day Spa befinden sich in der obersten Etage des Hauses. Durch die großen Fenster hat der Gast einen herrlichen Blick über die gesamte Stadt. Im Sommer lädt die große Dachterrasse zum Entspannen ein. Es gibt auch einen Pool, eine Sauna und ein Solarium.

Freizeit * * * * * *
Die Weltstadt Berlin bietet alles: Kultur, Sehenswürdigkeiten und Shopping sowie Wälder und Parks, Seen und Flüsse.

Hotel Bayerischer Hof

Promenadeplatz 2–6
D-80333 München
Telefon +49 (0)89 21200
info@bayerischerhof.de
www.bayerischerhof.de

Ein Grandhotel-Klassiker mit Business-Charakter. Beeindruckend ist die Aussicht, die man vom »Blue Spa« über den Dächern von München hat; einer der schönsten Aussichtsplätze der Landeshauptstadt. Das Blue Spa Lounge & Restaurant mit seinem offenen Kamin ist auch für Münchner ein außergewöhnlicher Treffpunkt. Die Qualität der Ayurvedabehandlungen kann je nach Therapeut/Therapeutin von erstklassig bis mittelmäßig variieren.

Preiskategorie: Hoch

Lage******
Das Hotel liegt im Herzen Münchens, in unmittelbarer Nähe zu den wichtigsten Sehenswürdigkeiten und Einkaufsmöglichkeiten. Vom Dach des Hauses hat man einen der schönsten Ausblicke über München.

Ambiente*****
Dieses Luxushotel von internationalem Rang blickt auf eine lange Tradition zurück. Es hat eine einzigartige Atmosphäre und pflegt eine besondere Gastfreundschaft. Das Ambiente ist stilvoll und zieht Prominenz aus aller Welt an.

Zimmer*****
Es gibt Zimmer im Design von Laura Ashley, heitere Zimmer im rustikalen Landhausstil, afrikanisch angehauchte Kolonial-Zimmer, kosmopolitisch-moderne Räume des Architekten Siegward Graf Pilati oder elegant eingerichtete Zimmer im Stil von Hans Minarik.

Küche******
Die Küche erfüllt ebenfalls den Standard eines führenden Luxushotels. Die Gäste können sich in drei Restaurants verwöhnen lassen mit bayerischen Schmankerln, Köstlichkeiten aus dem Fernen Osten sowie südländisch inspirierten Gerichten.

Ayurveda***
Die Qualifikationen der Therapeuten scheinen sehr zu variieren. Einige Therapeutinnen wurden in Indien ausgebildet und reisen regelmäßig zu Fortbildungen dorthin; eine weitere lernte Ayurveda als eine neben vielen anderen Massagetechniken kennen. Da die Qualität der Behandlungen von erstklassig bis nicht kompetent reicht, sollte man sich unbedingt bei den international ausgebildeten Therapeuten zur Behandlung eintragen lassen. Diese geben auch nützliche Empfehlungen für zu Hause mit auf den Weg.
Die Behandlungsräume befinden sich in der modernen, neu eröffneten Blue-Spa-Anlage. Für Freunde des minimalistischen Stils sind sie ein Genuss. Störend ist allerdings die Klimaanlage, die während der ganzen Behandlung zu hören ist und einer vollkommenen Entspannung entgegensteht.

Wellness- und Spabereich****
Über den Dächern von München wurde 2005 über drei Etagen auf 1200 Quadratmetern das »Blue Spa«, eine Wellnessoase inklusive Fitnessareal, eröffnet. Das Ambiente ist sehr großzügig, modern und klar gestaltet. Der Wellnessbereich ist mit einer Tageskarte öffentlich zugänglich. Besonders an Sonntagen, wenn neugierige Wellnessgenießer in das Blue Spa kommen, sind der Swimmingpool und die Sauna rasch überfüllt. Wenn die Tagesgäste abends wieder weg sind, kann man hier gut entspannen.

Freizeit******
München bietet alles, was das Herz begehrt: Das Kulturangebot reicht von den jährlich stattfindenden Opernfestspielen über Filmfestspiele und Konzerte bis hin zu zahlreichen Museen (Alte Pinakothek, Völkerkundemuseum usw.). Direkt vor der Türe des »Bayerischen Hofes« gibt es zahlreiche Shoppingmöglichkeiten. Einige Gehminuten vom Hotel entfernt befinden sich die exklusiven Einkaufsadressen der Theatiner- und Maximilianstraße.

Vitalhotel Falkenhof

Paracelsusstraße 4
D-94072 Bad Füssing
Telefon +49 (0)8531 9743
info@hotel-falkenhof.de
www.hotel-falkenhof.de

Der »Falkenhof« von Kordula Wider gehört zu den Bio-Hotels, die versuchen, den Gast 100-prozentig im ökologisch-umweltfreundlichen Sinn zu verwöhnen. Der Qualitätsanspruch des Hauses ist groß, was sich in allem widerspiegelt – auch in den Ayurvedabehandlungen. Die Therapeuten haben solide Ausbildungen in anerkannten Instituten genossen und verwöhnen die Gäste somit mit dem entsprechenden Know-how.

Preiskategorie: Mittel

Lage*
Das Vitalhotel liegt nahe bei Passau, inmitten des niederbayerischen Inntals, in Bad Füssing. Nur einige Gehminuten sind es zur Kurpromenade, zum Kino und zum Casino. Im Ort selbst reiht sich ein Kurhaus an das andere.

Ambiente*****
Der »Falkenhof« ist ein Designhotel im Biostil. Das Ambiente präsentiert sich angenehm reduziert. Das Restaurant mit Wintergarten und Terrasse und die Therme mit Panoramablick sind modern und geschmackvoll eingerichtet. Die Linie des Hauses ist klar, ohne nüchtern zu wirken, mit liebevoll ausge-

wählten Accessoires und Dekorationen.

Zimmer * * * * *
Die komfortablen Zimmer stehen für ein gelungenes Zusammenspiel von Natur, Architektur und Licht. Sie sind ausgestattet mit massivem Buchenparkett, Lärchenholzfenstern, Naturgipsputz, Biofarben und abgeschirmten Kabeln. Die warmen Farben der Wände und Möbel wirken beruhigend, und metallfreie Betten unterstützen den Schlaf.

Küche * * * * *
Nach dem Motto »100 Prozent Bio« werden die Gäste mit einer gesunden und ursprünglichen Küche verwöhnt. Die ernährungsphysiologisch ausgerichtete Vitalküche ist abwechslungsreich und kreativ; es wird auf hohe Produktqualität aus zertifiziertem ökologischem Anbau geachtet.

Ayurveda * * * *
Angeboten werden unter anderem Abhyanga, Upanahasveda, Udvarthana, Garshan. Die Auswahl der ayurvedischen Behandlungen hat sich, in den fünf Jahren seit hier Ayurveda praktiziert wird, bestens bewährt. Die Therapeuten sind gut und solide ausgebildet. In den Behandlungsräumen fühlt man sich wohl, sodass man die Massage ganz und gar genießen kann.

Wellness- und Spabereich * * * * *
Das Haus bietet mit seiner 1000 Quadratmeter großen Vitaloase einen gelungenen Ort der Erholung. Angeboten werden unterschiedliche Heil- und Entspannungsverfahren aus der ganzen Welt wie beispielsweise Qi Gong oder Achtsamkeitsmeditationen. Auch Physiotherapie und Naturheilkunde haben hier ihren Platz. Tee und Knabbereien stehen den ganzen Tag ausreichend bereit.

Freizeit * *
Das Haus bietet verschiedene In- und Outdooraktivitäten wie Mental Balance oder Nordic Walking an. Bei schönem Wetter kann man es sich in dem zensitiv gestalteten Garten mit Wasserquellen bequem machen und sich am alten Baumbestand erfreuen. Aber auch in der nächsten Umgebung kann man allerhand unternehmen: auf malerischen Wegen durch das Inntal wandern oder radeln, kulturelle Besichtigungstouren, Golf oder Tennis spielen.

Besonderes
Die Idee der Bio-Hotels stammt aus Österreich, wo man auf konsequent ökologische Erholung setzt. So entstand in Zusammenarbeit mit Bioland ein umwelt- und gesundheitsbewusstes Konzept, das bisher einzigartig ist auf dem Urlaubsmarkt. Das Markenzeichen der Bio-Hotels sind zu 100 Prozent ökologische und umweltfreundliche Materialien. Die Mitglieder dieser Vereinigung müssen bestimmte Standards erfüllen, die von unabhängigen Bio-Kontrollstellen wie ABG, AbCert oder ICEA überprüft werden. Dazu gehört, dass in der Küche nahezu ausschließlich ökologisch erzeugte Zutaten verwendet werden, die frei von Chemie und Gentechnik sind und aus artgerechter Tierhaltung stammen. Was nicht in Bio-Qualität erhältlich ist, muss auf der Speisekarte als »konventionell« ausgewiesen werden.

Romantik Hotel Historischer Krug

Grazer Platz 1
D-24988 Oeversee
Telefon +49 (0)4630 9400
info@historischer-krug.de
www.historischer-krug.de

Das traditionsreiche Haus im nordischen Stil, mit schönem Garten und eigenem kleinen Wein- und Gemüseanbau, strahlt eine angenehme Atmosphäre aus. Die Besitzerin verfügt über ein tiefgreifendes Wissen über Ayurveda. Die Ayurvedabehandlungen ihrer Therapeuten entbehren hingegen gelegentlich dieser Kompetenz.

Preiskategorie: Mittel

Lage***
Das Hotel liegt inmitten der wunderschönen Landschaft am ehemaligen Königs-, Pilger- und Handelsweg zwischen Skandinavien und Elbe.

Ambiente***
Nach dem Motto »Behaglichkeit im Landhausstil« findet man hier ein im nordischen Stil eingerichtetes Landhaus vor. Bereits im Jahr 1519 ist der »Historische Krug« in Chroniken erwähnt.

Zimmer***
Die Zimmer sind modern und komfortabel eingerichtet und ermöglichen so ein behagliches Wohnen. Hier und da mögen sie überladen anmuten.

Küche*****
Den Gast erwartet eine mehrfach ausgezeichnete Gourmetküche. Das Gourmetrestaurant »Privileg« sowie der ländliche »Krugwirt« laden zum Genießen ein. Auch Ayurvedagäste brauchen nicht auf den Genuss einer Gourmetküche zu verzichten. Sie erhalten ein ayurvedisches Frühstück, ein leichtes vegetarisch-ayurvedisches Mittagessen und abends ein ayurvedisch-vegetarisches Dreigängemenü sowie ayurvedische Tees. Allerdings wurde beim Hauptgang an ayurvedischen Gewürzen gespart.

Ayurveda***
Trotz der fundierten Ayurvedakenntnisse der Hotelbesitzerin vermissten wir bei den Beratungen ihrer Ayurvedatherapeuten, dass diese sich nicht nach akuten Beschwerden erkundigten und auch die Behandlungen nicht erklärten. Darüber hinaus verließ eine Therapeutin ohne Ankündigung den Raum während des Shirodharas. Angeboten werden unter anderem Verwöhntage mit einer Ganzkörper-Aroma-Abhyanga (zweihändig), Ganzkörpersynchron-Ölmassage (vierhändig), ein heilkundiges Panchakarma-Programm und verschiedene Einzelanwendungen wie zum Beispiel Abhyanga Ganzkörpersynchron-Ölmassage, Nasya Nasen-Reflexzonenbehandlung.

Wellness- und Spabereich***
Wellness erlebt der Gast in der Krugtherme. Diese steht den Ayurvedagästen den ganzen Tag offen. Die Sauna ist erst ab 16 Uhr in Betrieb.

Freizeit****
Auf den Spuren der Geschichte wandelt man nicht nur im Hotel, sondern auch in der Umgebung. Zu sehen sind steinerne Kirchen, Hünengräber, Herrenhäuser, Windmühlen, Schlösser, Denkmäler und zahlreiche Galerien. Möglich sind auch Spaziergänge im Wald oder Fahrradtouren entlang des Treene-Ufers. Außerdem kann man Tennis und Golf spielen, reiten, segeln, surfen oder mit einem Fischkutter auf die Ostsee fahren.

Wellnesshotel Hubertus

Haus Nr. 4 2/3
D-87538 Balderschwang
Telefon +49 (0)8328 9200
info@hotel-hubertus.de
www.hotel-hubertus.de

Das gepflegte Wellnesshotel beherbergt überwiegend ein Publikum um die vierzig Jahre. Die Besitzer des Hauses, Karl Traubel und Christa Frank, führen ihr Hotel sehr familiär, sodass man sich gleich wie unter guten Freunden oder manchmal sogar wie zu Hause fühlt. Das Ayurvedaangebot ist umfassend. Allerdings wurde der Gesundheitszustand des Gastes nicht abgefragt, was bei so tiefgreifenden Behandlungen wie dem Stirnguss nicht professionell ist.

Preiskategorie: Mittel

Lage****
Das Hotel befindet sich im Allgäu, in dem kleinen Ort Balderschwang. Die Region zählt zu den schneesichersten Gebieten Deutschlands inmitten herrlicher Natur und gesunder Bergluft. Darüber hinaus gibt es hier statistisch die meisten Sonnenstunden in Deutschland.

Ambiente****
Das Haus zeichnet sich durch viel Holz und seine rustikale Atmosphäre aus.

Zimmer***
Die Zimmer sind teilweise mit Lärchenholzböden und Naturholzmöbeln ausgestattet; die Suiten verfügen über einen Kachelofen, eine Sitzecke, eine Couch sowie einen Balkon.

Küche*****
Den Gast erwartet ein umfangreiches Frühstücks-, Mittags- und Kuchenbüfett. Für die Wanderer oder Skifahrer gibt es ein Jausensackerl. Abends werden Feinschmecker mit einer abwechslungsreichen Küche verwöhnt. Sonntags gibt es ein sechsgängiges Candle-Light-Dinner.

Ayurveda***
Zu den Ayurvedaangeboten zählen beispielsweise Garshan, Udvarthana, Mukabhyanga und Abhyanga. Einzuwenden ist, dass die Therapeuten uns vor der jeweiligen Behandlung nicht nach Unverträglichkeiten oder Beschwerden gefragt haben.

Wellness- und Spabereich****
Vorhanden sind eine Saunalandschaft, ein Schwimmbecken im Freien sowie eine Beautyabteilung. Das Beautyangebot ist umfassend und wird von vielen Gästen genutzt. Verwöhnen lassen kann man sich unter anderem mit Ohrkerzenbehandlung, klassischer Ganzkörpermassage, harmonisierender Teil- oder Rückenmassage, Aromaöl-Ganzkörpermassage, manueller Lymphdrainage, Pantai Luar, Balderschwanger Impressionen.

Freizeit*****
Im Winter kann man skifahren und langlaufen. Im Sommer gibt es wunderschöne Wanderwege sowie Motorrad- und Fahrradrouten.

Lindner Hotel & Spa Binshof

Binshof 1
D-67346 Speyer
Telefon +49 (0)6232 6470
info.binshof@lindner.de
www.lindner.de

Diese erlesene Adresse mit außergewöhnlichem Ambiente und hervorragendem Service findet man vor den Toren Speyers. Neben einem großen Tagungszentrum gibt es hier ein modernes Spa mit einem außergewöhnlich breiten Spektrum an Anwendungen, die Körper, Geist und Seele verwöhnen. Während die Anwendungen im Spa erstklassig sind, werden die Ayurvedabehandlungen unter anderem von einem Physiotherapeuten durchgeführt, der keine abgeschlossene Ayurvedaausbildung hat. Die Anlage ist auch für die Öffentlichkeit zugänglich.

Preiskategorie: Hoch

Lage *

Das Hotel liegt im Norden der alten Salierstadt Speyer, inmitten eines weitläufigen Landschaftsschutzgebietes, umgeben von herrlichen Seen. Bis in die Innenstadt von Speyer fährt man etwa zehn Minuten mit dem Auto.

Ambiente * * * * *

Eine erlesene Kombination von Alt und Neu, von Kunst und Antiquitäten macht den Aufenthalt hier zum Genuss. Das Haus verfügt neben seinem Spa-Resort auch über ein multimediales Veranstaltungszentrum für Tagungen und Konferenzen.

Zimmer * * * * *

Die exklusiven Zimmer sind individuell eingerichtet. Außerdem gibt es Studios, Suiten und Maisonettes. Hier lässt es sich wunderbar träumen und hervorragend abschalten.

Küche * * * * * *

Die Gäste erwarten wahre Gaumenfreuden einer internationalen und euro-asiatischen Vitalküche.

Ayurveda *

Angeboten werden ayurvedische Verwöhnbehandlungen zur ganzheitlichen Entspannung für die Haut. Auf dem Programm stehen: Shirodhara, Abhyanga, Pristaabhyanga, Padabhyanga. Anzumerken ist, dass wir von einem im Haus angelernten Physiotherapeuten behandelt wurden, der über keine fundierten ayurvedischen Kenntnisse verfügt. Daher hatte die Massage lediglich einen fernöstlichen Akzent. Es gibt nur eine ausgebildete Ayurvedatherapeutin im Haus.

Wellness- und Spabereich*****
Der 5200 Quadratmeter große Spabereich bietet eine einmalige Vielfalt: Thermalbäder, Whirlpools, Saunalandschaft, Klanglichtbaden in der Solegrotte, Rasul und Hamam sowie Wellness- und Beautybehandlungen. Zudem gibt es einen modernen Fitnessbereich auf 240 Quadratmetern mit Ausdauer- und Kraftgeräten sowie In- und Outdoorprogramme.

Freizeit*
In der Nähe gibt es sowohl einen 9- als auch einen 18-Loch-Golfplatz und Joggingpfade.

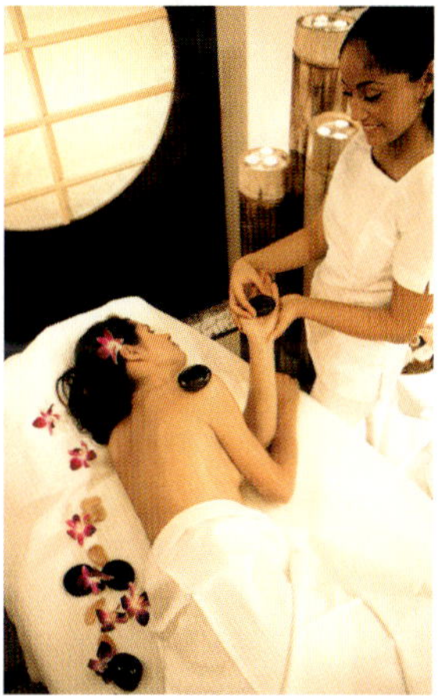

Besonderes
In der neugestalteten Solegrotte mit Klanglichtbad schwebt man mehr oder weniger in dem 35 Grad warmen Wasser, das mit 12–15 Prozent Salz aus dem Toten Meer angereichert ist. Bei Musik und verschiedenen Wasserreflexionen kann man hier herrlich entspannen und die Welt um sich herum vergessen.

Parkhotel Adler

Adlerplatz 3
D-79856 Hinterzarten
Telefon +49 (0)7652 1270
info@parkhoteladler.de
www.parkhoteladler.de

Das traditionsreiche Schwarzwaldhotel ist seit 1446 in Familienbesitz. Neben dem barocken Charakter des Hauses gibt es den modernen Trend der Ganzheitlichkeit in der Spaanlage. Die sehr kompetente Ayurvedatherapeutin des Hauses behandelt ihre Gäste, die regelmäßig ein- bis zweimal im Jahr zu ihr kommen, mit großer Umsicht und viel Herz.

Preiskategorie: Hoch

Lage****
Das »Leading Small Hotel of the World« liegt am Fuße der berühmten Adler-Skisprungschanze im idyllischen Dorf Hinterzarten, das zum südlichen Teil des Schwarzwaldes gehört. Die resortartige Anlage mit eigenem Hubschrauberlandeplatz und einem 40 000 Quadratmeter großen Privatpark mit kleinem See und Wildgehege bietet abwechslungsreiche Freizeitmöglichkeiten.

Ambiente**
Das »Parkhotel Adler« ist seit 1446 eines der ersten Häuser im Schwarzwald. Obwohl es im Jahr 1998 umfangreich renoviert wurde, hat das Hotel seinen barocken Charakter bewahrt.

Zimmer**
Es gibt viele kleine Erker und Ecken, verträumte Wintergärten

und Antiquitäten, die das »Parkhotel Adler« schon seit seiner Gründung begleiten. Die Zimmer verschiedener Kategorien sind komfortabel und individuell eingerichtet.

Küche****
Unter dem Dach des Schwarzwaldhauses befinden sich unterschiedlich gestaltete Restaurants: Zur Jause verweilt man in der rustikalen »Wirtshus-Stube«, deren Holzvertäfelung und der Kachelofen typische Schwarzwälder Gemütlichkeit vermitteln. Das elegante französische Restaurant ist der ideale Ort für gepflegte Diners. Das Abendrestaurant, der Club und die Stube beeindrucken mit ihrer antiken Möblierung. Leider sit-

zen Raucher und Nichtraucher beim Frühstück zusammen. Angeboten werden in den verschiedenen Restaurants regionale badische Gerichte, eine erlesene französische und eine kreative internationale Küche. Dazu gibt es eine grosse, schöne Weinauswahl.

Ayurveda * * * * *

Hier steht unter anderem Abhyanga und Shirodhara auf dem Programm. Durchgeführt wurden sie bei uns ausnahmslos von Frau März, einer Ayurvedatherapeutin, die ihr Handwerk versteht. Sie erkundigt sich nach momentanen oder chronischen Schmerzen und richtet die Behandlungen entsprechend darauf aus.

Wellness- und Spabereich * * * * *

In der Beautyfarm werden exzellente Leistungen und hochwertige Produkte von ausgesuchten Herstellern wie Maria Galland, La Prairie und Thalgo zu vernünftigen Preisen angeboten. Die Mitarbeiter nehmen sich viel Zeit für die Beratungsgespräche und Behandlungen. Der Gast wird vor der Anreise von der Leiterin des Wellnesspavillons, Frau Cachemaille, persönlich angerufen und zu seinem Gesundheitszustand, seinem allgemeinen Wohlbefinden sowie seinen Vorlieben und Abneigungen befragt. Nach dem Gespräch wird das optimale Behandlungsprogramm geplant. Bei der Anreise sind die Termine schon gebucht. Neben den klassischen Beautyanwendungen liegen besonders Körpertherapien wie Gesundheitsmassagen nach hawaiischer Tradition, Chakrenbalancierung und Shiatsu-Craniosakral-Behandlung im Trend.

Freizeit * * * *

Die Freizeitangebote sind abwechslungsreich: Beachvolleyball, Spaziergänge, Nordic Walking und Mountainbiketouren. In der näheren Umgebung gibt es Tennisplätze, Reitställe und Golfplätze sowie Skipisten und Langlaufloipen im Winter.

Schloss Lütgenhof

Ulmenweg 10
D-23942 Dassow
Telefon +49 (0)38826 8250
info@schloss-luetgenhof.de
www.schloss-luetgenhof.de

Inmitten eines Naturschutzgebiets findet sich die Ayurvedaoase »Schloss Lütgenhof«. Das klassizistische Interieur trägt die unverwechselbare Handschrift der Deutschen Werkstätten und verleiht diesem Ort eine ganz besondere Note. Die Ayurvedatherapeutin des Hauses ist sehr kompetent und verfügt über eine gewisse Sensitivität, die sich vorteilhaft auf die Behandlungen auswirkt.

Preiskategorie: Mittel

Lage * *

Das Schloss liegt mitten in einem Naturschutzgebiet, umgeben von Wiesen, mit Blick auf das Flüsschen Stepenitz. Gleichzeitig grenzt das Schloss an Dassow, das im ehemaligen Zonengrenzgebiet liegt. Etliche verfallene Häuser mit ihrem morbiden Charme erinnern noch an jene Zeit. Die nächste große Stadt ist Lübeck.

Ambiente * *

Das Ambiente des Hauses ist puristisch. Auf Dekorationen wird genauso verzichtet wie auf frische Blumen.

Zimmer * * * * *

Die Zimmer wurden konsequent im Kontrast zum klassizistischen Stil des Schlosses sehr modern gestaltet. Die Möbel stammen aus den Deutschen

Werkstätten. Konsequente Sachlichkeit bei der Einrichtung verleiht den Zimmern eine ganz besondere Note. Hier hält man sich gern auf. Von den Zimmern aus hat man eine wunderschöne Aussicht in den Schlosspark. Zwei Zimmer sind mit einer Badewanne ausgestattet, alle anderen Zimmer haben eine Dusche.

Küche * * * *

Das Abendessen ist köstlich und üppig. Die Küche ist innovativ, inspiriert von mediterranen und regionalen Einflüssen – nicht zu vergessen die Mecklenburger Spezialitäten. Nicht zufriedenstellend ist das Frühstücksbüfett. Man muss alle Extras erfragen, auch wenn sie im Preis enthalten sind.

Ayurveda * * * * *

Angeboten werden unter anderem Abhyanga, Mukabhyanga, Mukabhyanga Lepa, Padabhyanga, Upanahasveda Garshan, Shirodhara sowie mehrtägige ayurvedische Wohlfühlprogramme oder ayurvedische Reinigungskuren. In Zukunft will man auch ayurvedische Pancha-karma-Kuren ins Programm nehmen. Frau Plagens, die Ayurvedatherapeutin, lebt, was sie vermittelt und verwöhnt ihre Gäste. Darüber hinaus kann

man sie alles fragen und bekommt immer eine fachlich kompetente Antwort. Ihre Sensitivität wirkt sich vorteilhaft auf die Behandlungen aus. Der sehr ansprechend gestaltete Behandlungsraum liegt in einem Nebengebäude. Möchte man sich also nicht sofort nach der Massage abduschen, muss man mit öligen Haaren durch den Park ins Hotel zurückgehen.

Wellness- und Spabereich

Ein Wellness- und Spabereich ist nicht vorhanden. Die Bilder auf der Website halten diesbezüglich nicht, was sie versprechen. So findet etwa das angebotene Rosenblütenbad in der Badewanne des Hotelzimmers statt.

Freizeit * *

Naturwanderungen oder Schwimmausflüge zur nahe gelegenen Ostsee sind möglich. Weiter gibt es drei 18-Loch-Parcours im Umkreis von 35 Kilometern sowie Reitmöglichkeiten ganz in der Nähe.

Besonderes

Das Schloss ist ein schöner klassizistischer Bau. Direkt hinter dem Schloss führt die

Stepenitz, ein kleiner Fluss, vorbei. Die Terrasse des Schlossbistros bietet einen wunderbaren Blick auf den Fluss und das direkt angrenzende Naturschutzgebiet.

Erwähnenswert

Auch wenn man sich hier ausdrücklich von der Wellnessbewegung distanziert, bleibt dennoch einzuwenden, dass zum Beispiel die Nutzung des Pools einen Gang ins Nebengebäude nötig macht und das Solarium gleichzeitig als Abstellkammer dient.

Hotel & Resort Sonnenalp

D-87527 Ofterschwang
im Oberallgäu
Telefon +49 (0)8321 2720
info@sonnenalp.de
www.sonnenalp.de

Hier wird der Gast nach allen Künsten der Gastlichkeit verwöhnt. Es gibt neun verschiedene Restaurants, eine außergewöhnlich große Anzahl an Apartment-, Zimmer- und Suitenvariationen, eine weitläufige Badelandschaft, eine Einkaufspassage und zahlreiche Aktivitäten für die ganze Familie.

Preiskategorie: Hoch

Lage * * * *
Das Hotel liegt im Oberallgäu, inmitten von Bergen, Wäldern und Wiesen.

Ambiente * * * *
Die «Sonnenalp« präsentiert sich gehoben rustikal. Das Haus besteht aus zwei unterirdisch miteinander verbundenen Häusern. Die Palette der verschiedenen Restaurants reicht von urig-gemütlich bis hin zu fein-festlich.

Zimmer * * * *
Die Zimmer und Suiten sind alle auch im Detail mit Sorgfalt eingerichtet und großzügig ausgestattet. Alle Zimmer sind ruhig, und fast alle liegen nach Süden.

Küche * * * * * *
Die Gerichte der abwechslungsreichen Küche sind ein wahrer Genuss, und sie werden auf die unterschiedlichen Bedürfnisse der Gäste abgestimmt.

Ayurveda * * * * *
Angeboten werden Abhyanga, Samvahana, Shirodhara, Mukabhyanga, Upanasveda und Padabhyanga. Bemerkenswert ist, dass die uns behandelnde Ayurvedatherapeutin nicht mehr als zwei oder drei Massagen am Tag gibt, um die Qualität der Behandlungen auf einem hohen Niveau zu halten. Sie erkundigt sich zu Beginn der Behandlung ausführlich nach dem Befinden des Gastes sowie nach möglichen Krankheiten, Störungen usw. Einen Shirodhara gibt sie nur, wenn sie die Behandlung für vertretbar hält.

Wellness- und Spabereich * * * *
Im Rainbow Spa & Garden wird auf 2000 Quadratmetern alles für Gesundheit, Wellness und Schönheit des Gastes getan. Gebucht werden können etwa Tropical Wellness, Alpine Wellness, Medical Wellness oder fernöstliche Methoden. Aber auch wer gern mit klassischen Methoden verwöhnt werden möchte, kommt hier in den Genuss qualitativ hochwertiger Behandlungen.

Freizeit * * * * *
Das Haus legt großen Wert darauf, die Kinder seiner Gäste als die Gäste von morgen zu pflegen. Aus diesem Grund gibt es für jede Altersstufe ein außergewöhnliches Freizeitprogramm; unter anderem zwei 18-Loch-Golfplätze in der Nähe, Wintergolf mit vier Abschlägen in der Halle, Reitstall mit Schule.

Besonderes
Den Gästen wird jeder Wunsch von den Lippen abgelesen; so bekommt man sogar abends an der Bar Sojamilch natur oder Sojamilch mit Vanillegeschmack zum Tee. Darüber hinaus wird der Nachwuchs immer bestens betreut.

Sport- und Wellnesshotel Ödhof

Öd 5
D-94255 Böbrach
Telefon +49 (0)9923 84130
info@hotel-oedhof.de
www.hotel-oedhof.de

Im familiär geführten »Ödhof« befindet sich Ayurveda noch im Aufbau.

Preiskategorie: Niedrig

Lage***
Das Hotel liegt, umgeben von rund 10 000 Quadratmetern hoteleigener Grünfläche, im Bayerischen Wald, in der Nähe der Berge Grosser Arber und Geisskopf.

Ambiente**
Das familiär geführte Haus mit gemütlich-rustikaler Einrichtung wirkt mit seiner Dekoration, etwa den vielen künstlichen Blumen, sehr überladen. Die Gäste können sich nur in der Gaststube, im Schwimmbad mit Ruheliegen oder im eigenen Zimmer aufhalten.

Zimmer*
Die Zimmer bieten die üblichen Annehmlichkeiten und den üblichen Komfort, wirken aber zum Teil etwas altmodisch. Dennoch kann man sich hier wohl fühlen und zur Ruhe kommen.

Küche**
Gekocht wird bayerisch deftig oder gutbürgerlich. Am Abend gibt es zusätzlich ein vegetarisches Gericht.

Ayurveda**
Angeboten werden unter anderem Einzelbehandlungen wie Abhyanga, Garshan, Udvarthana, Shiroabhyanga oder auch Ganztagesprogramme und mehrtägige Programme. Da sich der Ayurvedabereich im Aufbau befindet, wirkt es stellenweise etwas unprofessionell. Nach letzten Angaben soll der Therapeut in der Zwischenzeit seine Ausbildung abgeschlossen haben. Bei der Konsultation wurde der Bereich Darm ausgeklammert. Ansonsten fühlt man sich während der Behandlung bei dem Therapeuten gut aufgehoben.

Wellness- und Spabereich*
Im Schwimmbadbereich ist Vorsicht geboten, da die Bodenkacheln rutschig sind. Die Sauna wird nur auf Bestellung in Betrieb genommen. Außerdem gibt es eine sehr moderne Tennishalle.

Freizeit****
Der Tennisunterricht im Hotel ist vom Feinsten. Der Mitbetreiber des Hauses war früher Tennisprofi und unterrichtet hier jetzt als Trainer. Ansonsten ist der Ödhof ein guter Ausgangspunkt, um nach Deggendorf, Passau oder Regensburg zu fahren und dort bei einem Spaziergang durch die Altstadt den Spuren von Königen, Kirchenfürsten, Mönchen und Kaufleuten zu folgen. Wer lieber in der Natur bleibt, findet hier zahlreiche Wandermöglichkeiten.

Erwähnenswert
Nichts gegen einen gut geführten Familienbetrieb, aber dass die Mutter des Therapeuten bei einer der Behandlungen geholfen hat, haben wir doch als störend empfunden.

Hotel Traube Tonbach

Tonbachstraße 237
D-72270 Baiersbronn
Telefon +49 (0)7442 4920
info@traube-tonbach.de
www.traube-tonbach.de

Das Hotel bietet ein edles Ambiente, das romantisch und mit viel Liebe zum Detail gestaltet ist. Die Küche ist von international anerkanntem Ruf, und das Verwöhnprogramm des Hotels lässt keine Wünsche offen.

Preiskategorie: Hoch

Lage ****
Das Hotel Traube Tonbach liegt idyllisch im Schwarzwald zwischen Baden-Baden und Baiersbronn.

Ambiente ******
Edle Hölzer, Kristallleuchter und reich verzierte Kachelöfen sowie edle Stoffe und üppiger Blumenschmuck prägen das ganze Haus. In der Hotelhalle lädt ein großer Kamin zum Verweilen ein.

Zimmer ******
Die Zimmer sind luxuriös gestaltet und liebevoll eingerichtet.

Küche ******
Der Gast kann zwischen vier Restaurants wählen. Jeden Tag werden andere kulinarische Köstlichkeiten angeboten. Im gut sortierten Weinkeller lagern mehr als 35 000 kostbare Flaschen Wein.

Ayurveda *****
Angeboten werden Shirodhara und Mukabhyanga in verschiedenen Varianten. Neben einer Ayurvedatherapeutin gibt es von ihr angelernte Kosmetikerinnen. Der Schwerpunkt liegt auf Wellness-Ayurveda. Wirkung und Funktion der einzelnen Behandlungen werden sehr gezielt und bewusst eingesetzt. Die Therapeutin und ihre Hilfen empfehlen auch je nach Befindlichkeit des Gastes von sich aus die passende Behandlung.

Wellness- und Spabereich *****
Schöne moderne Badelandschaft mit Meerwasser-Innen- und Außenbecken. Neben Sauna und Blütendampfbad gibt es auch ein Iglu. Lichtdurchflutete Ruheoasen sind mit modernen Skulpturen gestaltet.

Freizeit ******
Das vordere Tonbachtal ist die waldreichste Feriengemeinde Baden-Württembergs; es bietet mit 1100 Kilometern ein weitläufiges Wanderwegnetz, 50 Berge von 800 bis 1164 Meter Höhe und fünf Seen. Es gibt Golf, Tennis, Reiten, Squash, Tauchen, Skilanglauf, Kunsteislauf.

Besonderes
Die Gäste setzen sich aus allen drei Generationen zusammen. Dank des ausgezeichneten Kinderbetreuungsprogramms kommen Alt und Jung gleichermaßen auf ihre Kosten.

Erwähnenswert
Aufgrund der Weitläufigkeit des Hauses verlaufen sich die Gäste leicht. Man hilft sich aber gegenseitig gern, wieder auf den richtigen Weg zu kommen.

Haus Annapurna

Dorfstraße 23
D-83229 Sachrang
Telefon +49 (0)8057 904799
info@ayurveda-hausannapurna.de
www.ayurveda-hausannapurna.de

In der idyllisch gelegenen, kleinen Ayurvedapension herrscht eine herzliche Atmosphäre. Man kann entweder einzelne ayurvedische Anwendungen buchen oder an einem der Seminare über Ayurveda oder Yoga teilnehmen – oder einfach nur Urlaub machen. Auf jeden Fall kommt man in den Genuss der vorzüglichen ayurvedischen Küche.

Preiskategorie: Niedrig

Lage****
Das Haus liegt sehr ruhig in Sachrang, einem kleinen idyllischen Ort, zehn Kilometer entfernt von Aschau im Chiemgau.

Ambiente***
In dem behaglichen Haus herrscht eine herzliche Atmosphäre. Es gibt ein gemütliches Essstüberl mit Kachelofen, einen großen Südbalkon mit freiem Bergblick sowie einen großen, hellen Seminar- und Meditationsraum.

Zimmer***
Die einfachen, aber liebevoll eingerichteten Zimmer sind mit Dusche und WC ausgestattet. Es gibt auch Zimmer ohne Dusche; dann benutzt man die Etagendusche.

Küche******
Bei den abwechslungsreichen ayurvedischen Frühstücks- und Abendbüfetts wird besonders großen Wert auf achtsame, frische Zubereitung und hohe Qualität gelegt. Mittags gibt es kein Essen.

Ayurveda****
Angeboten werden Abhyanga, Shirodhara, Fußreflexzonenmassage, Konstitutionsbestimmung. Die Behandlungen, die jederzeit buchbar sind, werden von einer amerikanischen Ayurvedatherapeutin durchgeführt. Sie ist gelernte Krankengymnastin, in Colorado in Yoga und Ayurveda ausgebildet. Sie führt die Behandlungen nach Pulsdiagnose mit typgerechtem Öl kompetent und einfühlsam durch. Fragen beantwortet sie sehr ehrlich. Der Behandlungsraum und der für das Svedana vorgesehene Raum wirken provisorisch, da deren ehemalige Nutzung als Schlafzimmer unverkennbar ist.

Freizeit****
Man kann wandern und spazieren gehen sowie Mountainbike fahren. Im Winter bietet sich besonders Skilanglauf an.

Besonderes
Hervorzuheben ist die Persönlichkeit von Gabriele Kühn-Sabnis, die das Haus durch ihre Herzlichkeit belebt und gleichzeitig Nähe und Distanz zu ihren Gästen in einem gesunden Verhältnis zu balancieren versteht.

Ayurveda Center Baden-Baden

Bäderstraße 1
D-76530 Baden-Baden
Telefon +49 (0)7221 391197
ayur@gmx.de
www.ayurveda-center-baden-baden.de

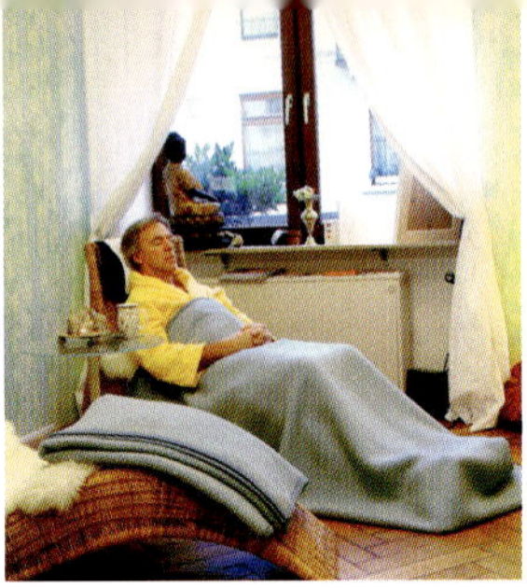

Übernachten im:
Holland Hotel Sophienpark
www.holland-hotel-sophienpark.de

Mitten im Zentrum von Baden-Baden leitet der Heilpraktiker Alexander Fahnemann zusammen mit seiner Frau Silvia das kleine Ayurvedazentrum, in dem sowohl Wellness-Ayurveda als auch therapeutisches Ayurveda angeboten wird. Beides wird gern von Kurgästen in Anspruch genommen.

Preiskategorie: Mittel

Lage * * *
Das Ayurvedazentrum liegt ruhig und gut zu erreichen mitten in Baden-Baden, neben dem Friedrichsbad im Hotel Karlsbadhof.

Ambiente * * * *
Die Ruhe- und Behandlungsräume des Ayurvedazentrums liegen um ein Atrium. In fröhlich warmem Sonnengelb und in Blautönen gehalten strahlen sie Harmonie und Ruhe aus.

Zimmer * * *
Da im Zentrum keine Unterbringungsmöglichkeiten vorhanden sind, werden die Ayurvedagäste im Holland Hotel Sophienpark untergebracht. Das Hotel bietet große und helle Zimmer mit dem üblichen Komfort eines Viersternehotels.

Ayurveda * * * *
Das Ayurveda Center wird von den beiden Heilpraktikern Alexander und Silvia Fahnemann geleitet. Ihre Ayurvedaausbildung haben beide im Mahindra-Institut und in einem Ayurvedazentrum auf Sri Lanka absolviert. Die Therapeuten, die im Zentrum arbeiten, bildet Alexander Fahnemann selbst aus. Unsere Konsultationen erfolgten durch Alexander Fahnemann; er bestimmte auch das typgerechte Öl, mit dem behandelt wurde. Angeboten werden unter anderem Samadhi-Massage, Shirodhara, Pindasveda, Garshan, Svedana und Khadivasti.

Freizeit * * * *
In Baden-Baden, der »Sommerhauptstadt Europas«, gibt es ein sehr breites Freizeitangebot: etwa Therme, Bäder, Festspiele und Konzerte. Im Umland sind zahlreiche Wanderungen und Ausflüge möglich.

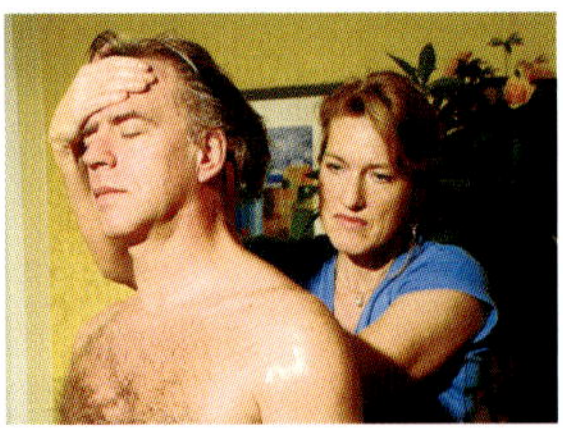

Ayurveda-Yoga Center Freiburg

Obertalstraße 4
D-79254 Oberried
Telefon +49 (0)7661 908775
info@ayurveda-center-freiburg.de
www.ayurveda-center-freiburg.de

Mitten im Erholungsort Oberried befindet sich das »Ayurveda-Yoga-Center« von Ingrid Ringeling; sie ist Heilpraktikerin und Ayurvedatherapeutin. Hier gibt es nur drei Gästezimmer. Dadurch ist eine sehr persönliche und individuelle Betreuung garantiert.

Preiskategorie: Mittel

Lage * * * *
Das »Ayurveda-Yoga Center« befindet sich in dem staatlich anerkannten Erholungsort Oberried im Schwarzwälder Dreisamtal. Feldberg, Titisee, Schluchsee, das Elsass und die Schweiz sind leicht und schnell erreichbar. Freiburg ist etwa 20 Kilometer entfernt.

Ambiente * * *
Das Haus ist ruhig am Hang gelegen und eröffnet von allen Zimmern aus einen weiten Ausblick auf Berge und saftige Wiesen. Das Haus bietet viele Möglichkeiten, sich von der Außenwelt zurückzuziehen. So laden der offene Kamin, die Bücherecke oder der Wintergarten zum Verweilen ein.

Zimmer * * * *
Die drei Gästezimmer sind sehr liebevoll und individuell eingerichtet. Jedes Zimmer hat eine

Fußbodenheizung. Auf Fernseher und Telefon in den Zimmern wurde bewusst verzichtet, damit der Gast hier wirklich zur Ruhe kommen kann.

Küche * * * * *

Den Gästen werden rein ayurvedische Speisen angeboten, die sehr abwechslungsreich und vielfältig sind.

Ayurveda * * * * *

Das Haus wird von Ingrid Ringeling geleitet. Sie hat ayurvedische Medizin bei Dr. S.N. Gupta aus Indien (Mahindra) und Dr. Vasant Lad (USA) studiert. Frau Ringeling ist Heilpraktikerin und Dozentin für Ayurveda beim VPT (Verband Physikalische Therapie); außerdem ist sie Ausbildungsleiterin für das einjährige Studium »Massage, Ernährung und Gesundheitsvorsorge nach ayurvedischer Tradition«. Im »Ayurveda-Yoga Center« gibt sie zum Beispiel auch Ernährungsseminare und Kochkurse. Die ayurvedischen Behandlungen sind vielseitig und umfassen Einzelbehandlungen wie Abhyanga, Svedana, Shirodhara, Asya sowie 3-, 7- oder 14-tägige Reinigungs- oder Regenerationskuren.

Freizeit * * * *

Zahlreiche, gut markierte Wanderwege beginnen direkt vor der Haustür.

Besonderes

Empfehlenswert ist die ayurvedische Küche von Ingrid Ringeling. Und da sie sich in den Kochtopf schauen lässt und man verschiedene Kochkurse belegen kann, ist man gut gerüstet, auch zu Hause ayurvedisch zu kochen.

Das Ayurveda-Haus »An der alten Linde«

Vogelsangstraße 6
D-78343 Gaienhofen-Horn
Telefon +49 (0)7735 440073
info@traditionelles-ayurveda.de
www.traditionelles-ayurveda.de

Gesundheit heißt, wieder in Einklang mit sich zu kommen. Hierfür bietet das ambulante Ayurvedahaus am Bodensee eine Vielzahl ganzheitlich orientierter Behandlungen und ayurvedische Küche an. Übernachtet wird in einer der zahlreichen Ferienwohnungen in der Nähe des Hauses – oft mit herrlichem Blick auf den Bodensee oder auf eine der vielen saftigen grünen Wiesen.

Preiskategorie: Mittel

Lage * * *

Das Ayurvedahaus von Heike Seegebarth liegt am Bodensee; es ist auch mit öffentlichen Verkehrmitteln gut zu erreichen. Vom Ruheraum aus sieht man die alte Linde im Garten und den Bodensee.

Ambiente * * *

Die ambulante Ayurvedapraxis ist mit zahlreichen indischen Möbeln ausgestattet, die Heike Seegebarth von ihren diversen Reisen nach Indien mitgebracht hat. Hier finden auch Ausstellungen von zeitgenössischen deutschen Künstlern statt, sodass eine ansprechende Atmosphäre entsteht und Östliches und Westliches gelungen zusammengeführt werden.

Zimmer***
Für eine mehrtägige Kur kann man sich in eine der nahe gelegenen Ferienwohnungen einmieten, die mit etwa 35 Euro pro Tag erschwinglich sind.

Küche****
Obwohl es sich beim Ayurvedahaus um eine ambulante Praxis handelt, erhält man hier ein ayurvedisches Mittagessen. Das hat den Vorteil, dass man sich besser entspannen und die Behandlungen nachwirken lassen kann. Die Speisen selbst werden frisch zubereitet und sind sehr schmackhaft.

Ayurveda*****
Angeboten wird eine Erstberatung, bei der Ernährungs- und Verhaltensratschläge gegeben und – wenn notwendig – Kräuter verschrieben werden. Nach zwei bis sechs Wochen folgen weitere Sprechstunden. Einzelne Verwöhntage sind ebenfalls möglich. Eine Reinigungskur kann bei chronischen Erkrankungen zur Vorbeugung von Erkrankungen bzw. zur Verjüngung gebucht werden. Sie dauert drei, fünf oder sieben Tage. Bei diesen Kuren werden jeden Tag die gleichen Massagen synchron durchgeführt: Abhyanga, Shirodhara, Pizzichil, Kizhi. Etwa drei Wochen nach einer solchen Kur erfolgt die Nachbesprechung, um zu sehen wie die Kur gewirkt hat und um festzustellen, ob und wie der Körper eventuell noch weiter unterstützt werden muss. Zu diesem Zeitpunkt werden auch immunitätsstärkende Präparate verschrieben, die im Ayurveda als Rasayanas oder Verjüngungsmittel bezeichnet werden. Die Beratung und Massage waren sehr professionell. Der Stirnguss hingegen war etwas zu kühl.

Besonderes
Heike Seegebarth wurde viele Jahre von renommierten Ayurvedaärzten in Indien ausgebildet. Die Besonderheit ihrer Behandlungsform liegt darin, dass sie ihre Gäste durch Vorgespräche und eventuell mit Medizin auf die Kur vorbereitet, wodurch der Kurerfolg erheblich gesteigert werden kann. Sie berät auch Gäste, die eine Ayurvedakur in Indien planen.

Hotel Residenz am Motzener See

Töpchiner Straße 4
D-15741 Mittenwalde-Motzen
Telefon +49 (0)33769 20913
lesniewier@t-online.de
www.ayurveda-praxis.de

Nur eine Stunde von Berlin entfernt findet man inmitten der verträumten märkischen Landschaft in einer alten Residenz eine Ayurvedaoase. Das Haus liegt direkt am Motzener See. Skulpturengarten, eine große Liegewiese sowie verschiedene Terrassen und Wintergärten zeichnen unter anderem das ausgefallene Ambiente aus. Auch die Ayurvedaabteilung ist einzigartig. Der Heilpraktiker Julio Lesniewier, der das Ayurveda-Gesundheitszentrum leitet, verbindet hier verschiedene Heilmethoden miteinander, nämlich Ayurveda, Traditionelle Chinesische Medizin und Kolon-Hydrotherapie.

Preiskategorie: Mittel

Lage*****
Das Ayurveda-Gesundheitszentrum liegt inmitten der verträumten märkischen Landschaft direkt am Motzener See, nur eine Stunde vom Zentrum Berlins entfernt.

Ambiente****
Das Haus zeichnet sich durch seinen individuellen Charakter und seine qualitätsorientierte Betreuung aus. Die weitläufige Hotelanlage bietet beste Gelegenheit, sich im Grünen zu erholen und freie Zeit naturnah zu gestalten und zu erleben.

Zimmer***

Die im klassischen Stil eingerichteten Zimmer bieten den üblichen Standard eines Viersternehotels; teilweise verfügen sie über einen Balkon.

Küche**

Im À-la-carte-Restaurant »Märkische Stuben« und auf der Sonnenterrasse umsorgen Küchenchef und Sommelier den anspruchsvollen Genießer mit internationalen Gerichten, regionaler Brandenburger Küche und ausgesuchten Weinen. Die Ayurvedagäste bekommen ayurvedische Gerichte, sind aber nicht in einem separaten Speisesaal untergebracht.

Ayurveda****

Das Ayurveda-Gesundheitszentrum wird von Julio Lesniewier, einem Heilpraktiker, geführt. Der Gast kann zwischen Wellness-Ayurveda und therapeutischem Ayurveda wählen. Die Angebote umfassen Einzelbehandlungen wie ayurvedische Ganzkörpermassage, Shirodhara, Pizzichil-Königsölguss, ayurvedische Panchakarma-Kuren.

Die Behandlungsräume sind mit authentischen Behandlungsliegen und authentischen Dampfbädern ausgestattet, die die Entspannung sehr fördern.

Die ayurvedischen Behandlungen werden auf die individuellen Bedürfnisse abgestimmt. Julio Lesniewier hat seine Ausbildung auf Sri Lanka gemacht. Er bildet die Therapeuten selbst aus.

Vor der Behandlung wurde eine Dosha-Bestimmung vorgenommen, wobei auch körperliche Leiden und Probleme abgefragt werden. Wir erhielten eine typgerechte und kompetente Behandlung.

Wellness- und Spabereich**

Das Schwimmbad mit Gegenstromanlage ist das ganze Jahr geöffnet; von hier hat man Ausblick auf den See.

Freizeit****

Motzen liegt im Dahme-Seengebiet, am Rand des Naturparks Dahme-Heideseen. Bei Erlebnisfahrten zu Wasser und zu Land, Erkundungen zu Fuß und zu Pferd, Wanderungen und Exkursionen mit Fischern und Förstern lernt man die Region kennen und genießt gleichzeitig die Natur. Im Sommer lädt der Motzener See zum Baden und Schwimmen ein.

Besonderes

Hervorzuheben ist die Synthese aus verschiedenen Heilmethoden – dem Ayurveda, der Traditionellen Chinesischen Medizin und der Kolon-Hydrotherapie. Einmalig schön ist die Lage des Gesundheitszentrums am See.

Ayurveda-Heilzentrum Triguna

im:
Hotel Römerbad
Schlossplatz 1
D-79410 Badenweiler
Telefon +49 (0)7632 823090
info@ayurvedazentrum.de
www.ayurvedazentrum.de

Das Ayurveda-Heilzentrum von Alexander Pollozek befindet sich im Hotel Römerbad, einem nostalgischen Grandhotel, in dem der Gast mit erstklassigem Service verwöhnt wird. Es besteht jedoch auch die Möglichkeit, sich außerhalb des Hotels eine Unterkunft zu suchen und die Kur ambulant zu machen.

Preiskategorie: Mittel

Lage * * * * *
Das Hotel liegt im Südschwarzwald, nahe der Schweiz, in Badenweiler, einem Ort mit prachtvollen Häusern und einer Therme.

Ambiente * * * * *
Das Hotel versteht sich als ein Ort der Stille und der Kraft. Im achteckigen Hofsaal mit seiner imposanten Kuppel finden Konzerte, Feste und Bankette statt.

Zimmer * * * * *
Jedes Zimmer präsentiert sich individuell und unverwechselbar, alle aber sind einladend im Ambiente, großzügig in der Anlage und gediegen in der Einrichtung. Die Zimmer sind auf drei Etagen verteilt und bieten einen Ausblick auf die Vogesen und auf das markgräfliche Schloss sowie auf den Kurpark von Badenweiler.

Küche * * * * *
Die Gäste erwartet eine ausgesprochene Gourmetküche, ausschließlich aus frischen und saisonalen Produkten. Den Ayurvedakurgästen werden in einem separaten Raum ayurvedische Speisen gereicht.

Ayurveda * * * * * *
Alexander Pollozek, der Leiter des Ayurveda-Heilzentrums, hat neben seiner Ausbildung zum Heilpraktiker eine langjährige ayurvedische Ausbildung absolviert, unter anderem bei Dr. Vasand Lad und am Mahindra-Institut. Außerdem hat er einen Fachlehrgang an der Gujarat Ayurved University/Klinik in Jamnagar, Gujarat, Indien, besucht und eine Fortbildung bei Dr. Vasudevan in Coimbatore, Tamil Nadu, Indien, gemacht. Die Konsultationen erlebten wir als äußerst genau und präzise, verbunden mit vielen nützlichen Tipps. Die Behandlungen durch das Team werden professionell ausgeführt.
Das Wellness-Ayurveda-Konzept ist sehr ansprechend und umfasst interessante Kombinationen wie Garshan-Massage mit Seidenhandschuhen und eine entschlackende Honigmassage. Das therapeutische Ayurveda

bildet den Schwerpunkt des Heilzentrums. Eine Vielzahl von Kuren wird angeboten: neben Panchakarma-Kuren auch Spezialkuren, zum Beispiel eine 10- bis 14-tägige Vayu-Darmsanierungskur, eine 10- bis 14-tägige Samadhi-Schlafkur oder das 10- bis 14-tägige Ganesha-Kinderwunsch-Programm. In der Tagesklinik sind auch ayurvedische Einzelanwendungen und ambulante Kuren möglich.

Wellness- und Spabereich ****
Es gibt klassische und ayurvedische Beautyanwendungen.

Zu den klassischen Angeboten gehören beispielsweise klassische Rückenmassage, Kniebehandlung, Bindegewebsmassage, aber auch ein orientalisches Kräutervollbad oder eine russisch-tibetische Honigmassage.

Freizeit ****
Das Angebot ist groß und umfasst Wandern, Radeln, Golf, Tennis usw.

Besonderes
Ganz in der Nähe befindet sich eine günstige Pension. Hier kann man übernachten und die Kur oder die Behandlungen ambulant vornehmen lassen.

Nadolny's Wellness-Resort

Erkensruhr 108
D-52152 Simmerath
Telefon +49 (0)2485 95500
info@nadolnys.de
www.nadolnys.de

Inmitten des Nationalparks Eifel befindet sich eine Ayurvedaoase besonderer Art. Der ganzheitliche Aspekt sowie Qualität und Professionalität stehen hier im Vordergrund und spiegeln sich überall im Hotel wider zum Beispiel in der Küche, in der mit frischen Produkten von den umliegenden Bauernhöfen gekocht wird. Auch die Ayurvedabehandlungen haben ein hohes Niveau.

Preiskategorie: Mittel

Lage *****
Das Resort liegt mitten im Nationalpark Eifel, mit wilden Bächen, vielen Seen, großen Wäldern und sanft geschwungenen Berghöhen. Ein leiser Ort in einer lauten Zeit, eine Oase in der Nähe von Großstädten wie Aachen, Köln und Bonn.

Ambiente ****
Der große Buddha vor dem Haus empfängt den Gast mit seiner ruhigen Präsenz. Das Haus verzaubert durch indisches Flair und liebevoll gestaltete Dekorationen. Zahlreiche Plätze laden zum Verweilen ein.

Zimmer ****
Die in warmen Farben gehaltenen Zimmer sind sehr geschmackvoll eingerichtet. In den Wellnesssuiten gibt es eine Whirlwanne oder einen Airpool und ein eigenes Dampfbad, in den Doppelzimmern einen Airpool oder eine Wellnessdusche.

Küche *****
Den Gast erwartet eine internationale Wellness-Gourmetküche von hoher Qualität. Die Küche legt dabei besonders großen Wert auf die Verwendung von Frischprodukten. Eier, Milch, Butter, Kartoffeln und Gemüse kommen direkt vom Bauernhof.

Ayurveda *****
Das Angebot verbindet Beauty, Wellness und Gesundheit mit einem Fokus auf Ayurveda. Angeboten werden unter anderem Abhyanga, Thalodal, Udvarthana, Garshan-Massage, ayurvedische Gewürz-Öl-Packung, ayurvedisches Ganzkörperpeeling, ayurvedische Fußmassage mit Sandelholz, ayurvedische Kopfmassage, Shirodhara. Vom ersten Augenblick an fühlt man sich sehr gut aufgehoben und kompetent betreut.

Die großzügigen, in zarten Farben eingerichteten Behandlungsräume sind mit viel Liebe gestaltet. Die Besitzerin des Hauses ist selbst ausgebildete Ayurvedatherapeutin. Sie legt großen Wert auf eine exakte Ausführung der Behandlungen und eine fundierte Ausbildung ihrer Therapeuten.

Wellness- und Spabereich***
Die hauseigene Eifeltherme bietet unter anderem Sauna, Dampfbad, Schwimmbad. Das Angebot umfasst zahlreiche Ganzkörpermassagen mit unterschiedlichen Ölen wie Avocadoöl, Macadamianussöl, Schoko-Orangenöl, Erdbeersahne-Öl usw.

Freizeit****
Das Freizeitangebot ist groß und umfasst Nordic Walking, Wandern und Radfahren im Sommer, Schlitten- und Skifahren im Winter. Und natürlich gibt es zahlreiche Spazierwege, auf denen man den Nationalpark Eifel erkunden kann.

Besonderes
Im ganzen Haus herrscht eine sehr angenehme Wohlfühlatmosphäre sowie eine besondere Stimmung wie an einem Kraftplatz.

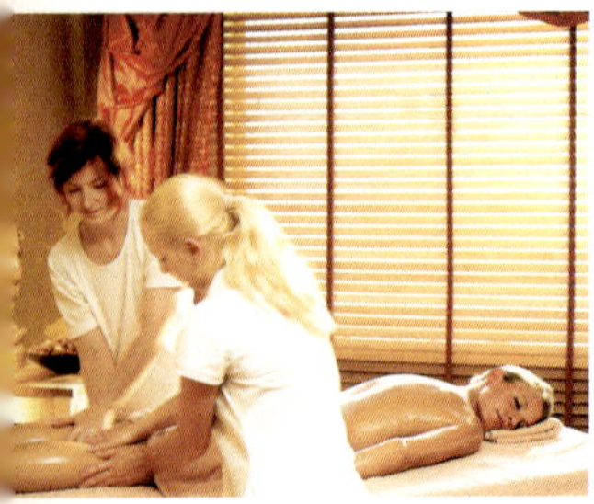

Ayurveda pur

AUM-Kurzentrum für Ayurveda und Naturheilenverfahren

Römerstraße 1–3
D-74629 Pfedelbach-Gleichen
Telefon +49 (0)7949 590
ayurvedakuren@aol.com
www.ayurvedakuren.com

Das Ayurvedazentrum ist nach geomantischen und energetischen Prinzipien eingerichtet: Ruhe, innere Sammlung und Konzentration stehen dabei im Mittelpunkt. Deshalb wurde in den spartanisch eingerichteten Zimmern auf Fernseher, Radio und Telefon verzichtet. Zum Haus gehört ein großer, naturbelassener Garten, der Ruhe und Raum für Erholung bietet. Gekocht wird ausschließlich nach vedischen Grundsätzen.

Preiskategorie: Mittel

Lage***
Das Haus liegt am Rand des kleinen Dorfes Gleichen, inmitten einer idyllischen Hügellandschaft mit weitläufigen Mischwäldern, Wiesen, Obsthainen und kleinen Seen. Die nächste größere Stadt ist Heilbronn.

Ambiente****
Das Ayurvedazentrum ist nach geomantischen und energetischen Prinzipien eingerichtet. Man hat sich auf das Wesentliche konzentriert. Alles ist schlicht und gleichzeitig gemütlich. Eine gemütliche Bibliothek, eine behagliche Teestube mit ayurvedischen Produkten und ein parkähnlicher Garten am Waldrand laden zum Verweilen ein.

Zimmer***
Die 17 Zimmer mit Dusche und WC – verteilt auf zwei Häuser – sind schlicht, eher klein, aber gemütlich und mit farbenfrohen Vorhängen eingerichtet. Von ihnen hat man eine schöne Aussicht ins Grüne.

Küche*****
Alle Gerichte sind ayurvedisch ausgerichtet. Zum größten Teil werden Bioprodukte verarbeitet, denen Kräuter aus eigener Herstellung (Santulan) beigegeben werden. Alles wird mit großer Sorgfalt zubereitet. Beim Erstellen des Speiseplans für die Kurgäste vermeidet man Gerichte, für deren Zubereitung Zutaten notwendig sind, die zur Säurebildung führen. Denn Übersäuerung löst viele der heutigen Krankheitsbilder aus.

Ayurveda*****
Das Kurzentrum bietet in erster Linie Ayurveda pur an, das heißt vor allem Panchakarma-Kuren. Auf Wunsch ist allerdings auch Wellness-Ayurveda möglich. Stundenweise ist eine Ayurvedaärztin im Haus. Die vielen Stammgäste, die immer wieder hierher kommen, sind sehr zufrieden.

Ravidas Korn, der Leiter des Hauses, ist Klinischer Psychologe und Heilpraktiker, er hat eine sechsjährige Ayurvedaausbildung in Atmasantulana Village bei Dr. Shri Balaji Tambe absolviert. Die anderen Therapeuten, die hier arbeiten, wurden ebenfalls in Atmasantulana Village ausgebildet. Herr Korn selbst ist rund um die Uhr für die Gäste erreichbar. Bei jeder der vier Mahlzeiten erkundigt er sich bei jedem Kurgast persönlich nach dessen Befinden und gibt Ratschläge.

Die Behandlungsräume sind eher bescheiden, aber zweckmäßig und freundlich eingerichtet.

Der psychische Zustand der Gäste wird von den Therapeuten genauso berücksichtigt wie der körperliche.

In Vorträgen wird Ayurveda kompetent und sehr bildhaft vermittelt, sodass die Gäste viele Informationen für sich nutzen können.

Freizeit * * *

Die Gegend bietet verschiedene kulturell und geschichtlich interessante Orte. Im Hohenloher Freilandmuseum kann man die Alltagsgeschichte der vergangenen fünf Jahrhunderte kennen lernen. Am Rande der Waldenburger Berge sind über fünfzig Gebäude mit altem Werkzeug und alten Möbeln zu besichtigen. Man kann sich ein Fahrrad leihen.

Besonderes

Von diesem Ayurvedazentrum fühlen sich besonders jene Menschen angesprochen, die Wert auf gute Energie legen und in den Heilungsprozess gern spirituelle Aspekte einbeziehen.
Als besonders positiv wurde auch der persönliche Kontakt empfunden, den Herr Korn zu den Gästen hat. Er räumt jedem Gast die Zeit ein, die er braucht. Der Yogaraum ist etwas Besonderes. Er ist lichtdurchflutet, groß, und überall stehen Pflanzen.

Privatinstitut für Ayurveda und Naturheilkunde

Halbinselstraße 43
D-88142 Wasserburg
am Bodensee
Telefon +49 (0)8382 998191
ayurveda@bifan.de
www.bifan.de

Übernachten im:

Hotel zum Lieben Augustin
am See
Halbinselstraße 70
D-88142 Wasserburg
am Bodensee
Telefon +49 (0)8382 9800
info@hotel-lieber-augustin.de
www.hotel-lieber-augustin.de

Hier am Bodensee erwartet den Gast Ayurveda vom Feinsten. Die Ärztin des Privatinstituts stammt aus Indien und bringt das entsprechende Know-how mit, um die Patienten professionell zu behandeln. Eine ambulante Panchakarma-Kur unter der Leitung einer indischen Ärztin gab es bislang noch nicht.

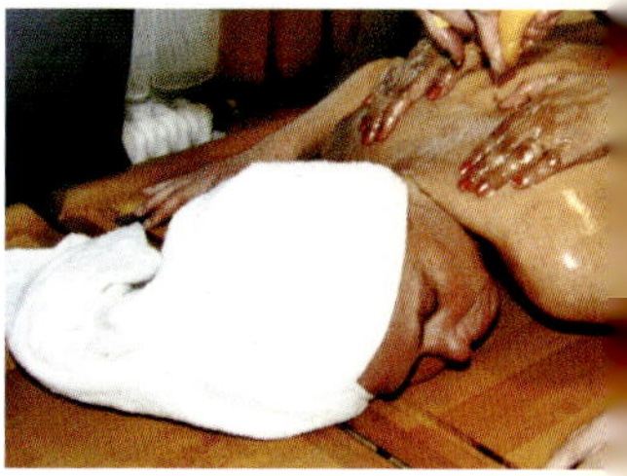

Der Vorteil ist, dass man ein kostengünstiges Apartment in der Nähe mieten kann. Die Ärzte des Instituts unterstützen einen mit Ernährungsempfehlungen, sodass man sich selbst zu Hause ayurvedisches Essen kochen kann.

Preiskategorie: Mittel

Lage * * * * *

Das Institut liegt in Wasserburg am Bodensee, zentral und sowohl mit dem Auto als auch mit öffentlichen Verkehrsmitteln gut erreichbar.

Ambiente * * * *

Im Institut herrscht ein helles, modernes und freundliches Ambiente. Die Praxis ist funktional ausgestattet.

Zimmer * *

Die Unterbringung erfolgt in einem der nahe gelegenen Hotels oder Apartments. Das Institut arbeitet vor allem mit dem Hotel Lieber Augustin zusammen. Dieses bietet freundlich eingerichtete Zimmer mit Blick auf den See oder auf die Berge.

Ayurveda * * * * * *

Die Ärztin des Privatinstituts stammt aus Indien. Sie hat dort ein Studium zur Ayurvedaärztin durchlaufen und dann in Deutschland das schulmedizinische Studium absolviert. Unter ihrer Führung sind sowohl Wellness-Ayurveda-Anwendungen als auch therapeutisches Ayurveda und Ayurveda pur mit Panchakarma-Kuren möglich. Bei der Erstkonsultation geht die Ärztin mit dem Gast einen Fragenkatalog durch, erkundigt sich dabei nach körperlichen Leiden und Problemen, nimmt eine Pulsdiagnose vor und schließt eine Dosha-Bestimmung an, um den Gast typgerecht behandeln zu können.
In den Behandlungsräumen herrscht eine entspannende Atmosphäre. Die Gäste bekommen auch für zu Hause hilfreiche Empfehlungen, um ayurvedische Richtlinien gut in den Alltag integrieren zu können. Ayurveda wird hier sehr kompetent praktiziert.

Freizeit * * * * *

Das Angebot ist groß und umfasst sportliche Aktivitäten wie Segeln, Tennis, Golfen, Surfen, Radfahren, Wandern und Kulturelles – etwa die Bregenzer Festspiele. Möglich sind zudem Ausflüge in die Berge, zur Blumeninsel Mainau oder in die angrenzende Schweiz.

Ascara Health & Beauty im Kempinski Hotel Falkenstein

Debusweg 3
D-61462 Königstein-Falkenstein
Telefon +49 (0)6174 909100
info@ascara-falkenstein.com
www.ascara-falkenstein.com
www.ayurveda-garden.de

Dieses Luxushotel ist eine Ayurvedaoase der besonderen Art. Allein die idyllische Lage des Hotels mit dem einmaligen Blick auf die Rhein-Main-Ebene hat eine äußerst entspannende Wirkung auf die Gäste. Das neue Ascara Health & Beauty Center, in dem die Ayurvedaabteilung untergebracht ist, ist sehr modern eingerichtet. Dr. Kamal Serasinghe, der aus Sri Lanka stammende Ayurvedaarzt und seine ebenfalls von dort stammenden Therapeuten, stehen für erstklassisches Ayurveda.

Preiskategorie: Hoch

Lage * * * * * *

Nur 20 Minuten vom internationalen Flughafen Frankfurt und der Frankfurter Innenstadt

entfernt liegt das Haus ruhig inmitten eines sechs Hektar großen Parks im heilklimatischen Kurort Königstein im Taunus. Hier bietet sich eine traumhafte Idylle mit Blick auf die Rhein-Main-Ebene und die Skyline von Frankfurt.

Ambiente ******
Im Hotel erwarten den Gast viel dunkler Marmor, weite Hallen, festliche Säle und goldverzierter Stuck. Das neue Ascara Health & Beauty Center hingegen ist sehr modern eingerichtet und besticht durch klare Linien und Mobiliar im Asia-Spa-Stil.

Zimmer ****
Die Zimmer des mehrfach ausgezeichneten Hauses sind gekennzeichnet durch Eleganz. Von den Zimmern aus schaut man entweder auf einen weitläufigen Park oder über Frankfurt und die Mainebene.

Küche ******
Das Küchenteam verwöhnt seine Gäste im Gourmetrestaurant »Siesmayer« mit raffinierten regionalen Spezialitäten und mit fein modifizierten Gerichten der klassischen internationalen Küche, die mit mediterranen Elementen kombiniert werden. Auch jene, die hier eine Ayurvedakur machen, müssen nicht auf Gaumenfreuden verzichten; vielmehr wird in diesem Haus deutlich, dass es auch eine ayurvedische Feinschmeckerküche gibt.

Ayurveda ******
Um möglichst authentisches Ayurveda im Ascara Health & Beauty Center des »Kempinski« zu gewährleisten, haben Erich Böhm und seine Frau Dr. Kamal Serasinghe und sein ihm unterstelltes Ayurvedateam aus Sri Lanka geholt. Dr. Serasinghe ist Ayurveda-Panchakarma-, HNO- und Augenspezialist. Er ist auch als Dozent an der Ayurveda-Universität in Colombo tätig. Angeboten werden individuell abgestimmte Einzelbehandlungen sowie mehrtägige und mehrwöchige Ayurvedakuren etwa zur Regeneration. Der Arzt spricht Englisch; falls Übersetzer gewünscht werden, stehen diese zur Verfügung.
Neuerdings arbeitet das Ayurvedateam auch mit der Asklepios Neurologischen Klinik Falkenstein zusammen, einem Zentrum zur Behandlung und Rehabilitation von Patienten mit neurologischen Erkrankungen, insbesondere von Patienten, die an multipler Sklerose erkrankt sind oder einen Schlaganfall erlitten haben. Die Klinik erreicht man in nur wenigen Gehminuten.

Wellness- und Spabereich *****
Im medizinisch geführten Ascara Health & Beauty Center wird alles angeboten, was Körper, Geist und Seele gut tut. Unterschiedliche Verfahren der Präventiv-, Raumfahrt-, Energie-, Anti-Aging-Medizin werden praktiziert, um die Gäste gesund zu erhalten.

Freizeit ****
Von Wanderungen im Taunus bis hin zum Großstadtbummel in Frankfurt gibt es ein abwechslungsreiches Angebot.

Besonderes
Hervorzuheben ist neben den profunden Behandlungen eine auserlesene Ayurveda-Gourmetküche, die man an lauen Sommerabenden auf der Terrasse des Hauses genießen kann. Dabei hat man einen traumhaften Ausblick auf die Mainebene und die Skyline von Frankfurt.

Ayurveda Garden Bad Rappenau

Saline 1–3
D-74906 Bad Rappenau
Telefon +49 (0)7264 890595
kontakt@ayurveda-garden.com
www.ayurveda-garden.com

In dem kleinen Kurort Bad Rappenau gibt es ein Stück Indien, wie es sonst nirgends in Deutschland zu finden ist. Hier erwartet den Gast in einem alten Salinengebäude indisches Flair, das sich besonders im Interieur, in den Farben, in der Dekoration und in den Gerüchen widerspiegelt. Dr. Shine, der Leiter des Hauses, stammt aus Indien; er wird von Dr. Hari Raj unterstützt, einem Ayurvedaarzt, der sich auf Panchakarma-Anwendungen spezialisiert hat.

Preiskategorie: Mittel

Lage**
Das Haus liegt in Bad Rappenau, in der Fußgängerzone des Kurparks, inmitten eines Gartens. Die Lage ist sehr ruhig, ideal zum Entspannen und zum Abschalten. Hinter dem Haus beginnen zahlreiche Spazierwege.

Ambiente***
Besonders der Speisesaal und die Behandlungsräume erinnern durch Ausstattung und Gerüche stark an Indien. So fühlt man sich mitten in Deutschland ein bisschen wie in Kerala.

Zimmer***
Die Zimmer sind einfach, aber komfortabel eingerichtet. Von einigen Zimmern aus hat man einen wunderschönen Blick in den Garten des Hauses. Leider sind einige Zimmer etwas dunkel.

Küche******
Die Küche wird nach südindisch-ayurvedischen Gesichtspunkten geführt. Die Gerichte wechseln regelmäßig, sodass man einen guten Überblick über die verschiedenen wohlschmeckenden und wohltuenden Speisen erhält.

Ayurveda******
Das hier gebotene Ayurveda ist sicherlich eines der Besten in Deutschland. Das Ayurvedateam besteht aus Dr. Shine Koorkaparambil, der aus einer Ayurvedaarztfamilie mit einer 200-jährigen Familientradition stammt. Nach Abschluss seines Studiums arbeitete er als Assistenzarzt an verschiedenen Krankenhäusern in Indien, wo er umfassende praktische Erfahrungen sammelte. Dr. Shine leitet das Ayurvedazentrum in Bad Rappenau ganz im Sinne des traditionellen Ayurveda. Unterstützt wird Dr. Shine von Dr. Hari Raj, der ebenfalls aus

Kerala stammt und sich auf Panchakarma-Anwendungen spezialisiert hat. Auch er arbeitet traditionell. Gudrun Samel, ausgebildet bei verschiedenen Ayurvedaärzten, ergänzt das Team durch ihre ayurvedischen Anwendungen für schwangere Frauen sowie für Frauen nach der Geburt. Sie erlernte in Kerala die traditionelle indische Babymassage und bildet im »Ayurveda Garden« Eltern darin aus. Ein weiteres Spezialgebiet von ihr ist die ayurvedische Naturkosmetik.
Im »Ayurveda Garden« gibt es unterschiedliche Angebote, von einem Ayurvedatag bis zu einem zehntägigen Reinigungsprogramm. Die Panchakarma-Kuren ab 14 Tagen werden beim Beratungsgespräch individuell auf die jeweiligen Bedürfnisse abgestimmt.
Darüber hinaus arbeitet Dr. Shine mit verschiedenen Rehakliniken in Bad Rappenau zusammen.

Freizeit***
Wandern, Radfahren und Yoga.

Besonderes
Für die Behandlungen werden spezielle, sehr aufwendig hergestellte Kräuteröle verwendet. Diese beziehen Dr. Shine und sein Team von ihrem Schwesterkonzern in Indien, der für seine hervorragenden Produkte das erste GMP weltweit (Certificate of Good Manufacturing Practices of Ayurveda) erhalten hat.

Vier Jahreszeiten am Schluchsee

Am Riesenbühl
D-79859 Schluchsee
Telefon +49 (0)7656 700
info@vjz.de
www.ayurveda-am-schluchsee.de

Hier erwartet den Gast ein riesiges Hotel mit sechs Etagen. Einen besonderen Ruf hat sich das Haus in den letzten Jahren durch die Ayurvedakuren gemacht, die hier gebucht werden können. Das Haus kooperiert bereits seit vielen Jahren mit Partnern aus den Ursprungsländern Sri Lanka und Indien. Alle ayurvedischen Behandlungen werden von Ayurvedaärzten und -therapeuten durchgeführt, die aus Sri Lanka, Indien oder Deutschland kommen und eine fundierte Ayurvedaausbildung gemacht haben.

Preiskategorie: Hoch

Lage***
Das Hotel befindet sich 170 Kilometer südwestlich von Stuttgart im Schwarzwald, in unmittelbarer Nähe des Schluchsees. Mit seiner Höhen- und Aussichtslage auf 1000 Metern, dem See sowie der unverbauten Schwarzwald-Natur mit Wiesen und Wäldern ist es ein idealer Ort für Wellness und Wohlbefinden. Die sechste Etage ist eigens für Ayurvedagäste eingerichtet worden.

Ambiente****
In der Ayurvedaetage erwarten den Gast meditative Stille und der Duft von ayurvedischen Kräutern und Ölen. Sie lassen einen sehr bald in die entspannende Ayurvedaatmosphäre eintauchen. So kann man sich auf sich selbst konzentrieren, ganz gelöst vom sonstigen Hotelbetrieb.

Zimmer**
Die Zimmer sind rustikal eingerichtet und sehr geräumig. Die Nordzimmer sind etwas dunkel.

Küche*****
Die ayurvedische Küche ist abwechslungsreich und ganz auf die Bedürfnisse der europäischen Gäste abgestimmt. Es wird nach Möglichkeit mit frischen Lebensmitteln aus der Region gekocht. Die Mahlzeiten werden im Ayurveda-Bistro eingenommen. Bei schönem Wetter kann man auch auf der Balkonterrasse speisen. Wasser und Ingwerwasser stehen für die Gäste den ganzen Tag über bereit.

Ayurveda******
Das Haus kooperiert bereits seit vielen Jahren mit Partnern aus den Ayurveda-Ursprungsländern Sri Lanka und Indien. Hier behandeln fundiert ausgebildete Ayurvedaärzte und -therapeuten, die aus Sri Lanka, Indien

oder Deutschland kommen. Angeboten werden Einzelbehandlungen zum Kennenlernen oder dreitägige Kurzkuren bis hin zu sechs- bis zwölftägigen Reinigungsprogrammen. Der genaue Ablauf einer Behandlung oder Kur wird erst festgelegt, nachdem die Ayurvedaärztin oder der Ayurvedaarzt die Konstitution des Gastes bestimmt hat. Kräuter und Öle werden aus Sri Lanka bezogen. Dr. Arosha Kulasekara, die Leiterin des Ayurvedateams, hat in Colombo studiert und am Bandarainake Ayurveda Hospital gearbeitet.

Wellness- und Spabereich***
Unter anderem Sauna-Erlebniswelt, Whirlpool, Heublumenbad.

Freizeit*****
Der siebeneinhalb Kilometer lange Schluchsee lädt ein zum Bootfahren, Schwimmen, Segeln und Windsurfen. Die umliegenden Wälder sind ein Dorado für Wanderer, Jogger und Radfahrer. Im Winter stehen rund 60 Kilometer Loipen zur Verfügung.

Besonderes
Obwohl sich die Ayurvedaetage in einem großen Hotel befindet, kann man sich hier vollkommen auf die Kur konzentrieren und zur Ruhe kommen.

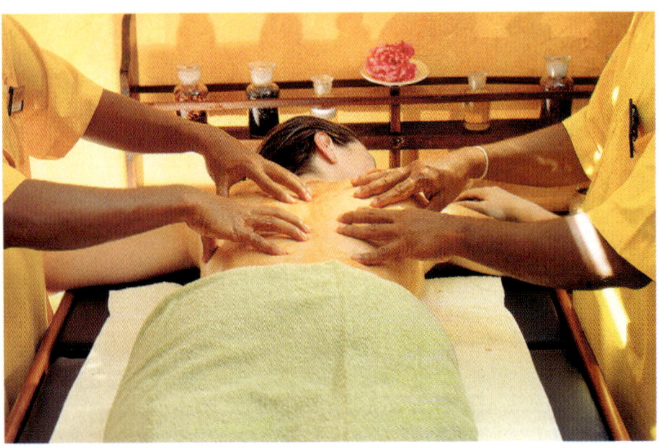

Radisson SAS Resort Wutzschleife

Hillstett 40
D-92444 Rötz
Telefon +49 (0)9976 180
info@wutzschleife.com
www.wutzschleife.com

Das exzellente Hotel beeindruckt durch seine außergewöhnliche Architektur. Die gläserne Hotelhalle lässt ein unbeschreibliches Gefühl der Weite entstehen. Auch die Ayurvedaabteilung, die sich mit den Zimmern für die Ayurvedagäste auf einer Etage befindet, ist architektonisch eine Augenweide, jeder Raum lädt zum Verweilen ein. Der Ayurvedaarzt aus Sri Lanka und seine singhalesischen Therapeuten vermitteln dem Haus ein gewisses exotisches Flair, ein Stück Sri Lanka.

Preiskategorie: Hoch

Lage***
Das Hotel liegt im Herzen der Urlaubsregion Oberpfalz, im Städtedreieck Nürnberg-Regensburg-München, im Bayerischen Wald, dem größten zusammenhängenden Waldgebiet Mitteleuropas.

Ambiente******
Das Fünfsternehaus ist so schön, dass man gar nicht mehr weg möchte. Die Lobby erstreckt sich über vier Ebenen und ist durch ein Glasdach und große Fensterflächen sehr hell, wodurch ein Gefühl der Weite entsteht. Außerdem machen wechselnde Ausstellungen den Rundgang durch das

Hotel jedes Mal wieder zu einem Erlebnis.

Zimmer * * * * * *
Die Zimmer und Suiten verschiedener Kategorien sowie die Dépendancen wurden individuell gestaltet; sie zeichnen sich durch höchste Wohnqualität und Ästhetik aus.

Küche * * * * * *
Den Gast erwartet eine erstklassige und mehrfach ausgezeichnete Küche. Diese umfasst sowohl eine erlesene Gourmetküche als auch eine erstklassige ayurvedische Küche.

Ayurveda * * * * *
Bislang praktizierte hier Dr. Bandara, ein renommierter Ayurvedaarzt aus Sri Lanka, mit seinem Team, das ebenfalls aus Sri Lanka stammt, authentisches und erstklassiges Ayurveda. Angeboten wurden Ein-Tages-, Drei-Tages- sowie Ayurveda-Intensiv-Kuren – jeweils mit einem Konsultationsgespräch, verschiedenen Behandlungen und je nach Paket mit weiteren Anwendungen. Nach einem Wechsel wird die Abteilung nun von Anura Chandrasekera, einem Deutsch sprechenden Ayurvedaarzt geleitet.

Die eigens für Ayurvedagäste eingerichtete Etage zeichnet sich durch gehobenen Stil und Ambiente sowie eine wohltuend ruhige Atmosphäre aus.

Wellness- und Spabereich * * * * *
Der Wellnessbereich bietet neben den Saunen verschiedene weitere Anwendungen, um Körper, Seele und Geist zu entspannen. Im Health & Beauty kann man sich bis 22 Uhr verwöhnen lassen. Zu den Angeboten zählen unter anderem Aromatherapie-Packungen, Maniküre.

Freizeit * * * *
Auf dem hoteleigenen 18-Loch-Golfplatz können Anfänger und Fortgeschrittene Kurse belegen. Zudem umfasst das Angebot zum Beispiel Wanderungen, Fahrradfahren, Stockschießen, Bogenschießen.

Besonderes
Durch das große Glasdach, die Ausstellungen und die mehrfach ausgezeichnete Küche wird ein Aufenthalt zu einem Fest für die Sinne. Die »Wutzschleife« ist auch ein ideales Tagungshotel zum Wohlfühlen und als solches ebenfalls mehrfach ausgezeichnet.

Haus Yoga Vidya Silvaticum

Wällenweg 42
D-32805 Horn-Bad Meinberg
Telefon +49 (0)5234 870
badmeinberg@yoga-vidya.de
www.yoga-vidya.de

Ein ehemaliges Krankenhaus ist in ein Yoga- und Ayurvedazentrum umgewandelt worden, in dem zahlreiche Ausbildungen und Seminare für Yoga und Ayurveda angeboten werden.

Preiskategorie: Niedrig

Lage*
Das Seminarhaus liegt im Teutoburger Wald, in dem kleinen Städtchen Horn-Bad Meinberg. Wer mit dem Zug kommt, wird vom Bahnhof abgeholt.

Ambiente**
Gelehrt werden hier klassisches ganzheitliches Yoga und Ayurveda mit entsprechendem Stundenprogramm. Das jetzige Seminarhaus beherbergte früher eine Klinik, was man dem Gebäude auch noch ansieht.

Zimmer**
Die Einzel-, Doppel- und Mehrbettzimmer sind sehr einfach eingerichtet. Fast jedes Zimmer hat ein Waschbecken; Gemeinschaftsbäder und Toiletten sind in ausreichender Anzahl vorhanden. Ist das »Yoga Vidya« voll belegt, kann man alternativ in einer der Pensionen in den umliegenden Fremdenverkehrsgemeinden wohnen.

Küche******
Es gibt zwei reichhaltige, lactovegetarische, vollwertige Mahlzeiten: einen Brunch um 11 Uhr und Abendessen um 18 Uhr. Die Speisen sind abwechslungsreich und delikat. Die Produkte stammen aus kontrolliert ökologischem Anbau.

Ayurveda******
Im Seminarhaus gibt es eine Ayurvedaoase. Hier setzen Masseure und Therapeuten das in den Behandlungen um, was sie während der Ayurvedaausbildung im Haus gelernt haben. Geplant ist darüber hinaus auch ein großes Ayurvedazentrum im Gesundheitszentrum Stern, das ungefähr 20 Gehminuten vom Mutterhaus entfernt liegt. Gearbeitet werden soll dort unter der Leitung einer indischen Ayurvedaärztin. Jetzt kann man bereits Anwendungen und Kuren buchen, die dort durchgeführt werden. Die Angebote sind beispielsweise Abhyanga, Shirodhara, spezielle ayurvedische Rückenmassage. Die neuen Ayurveda-Wellness-Pakete bieten Halbtages-, Wochenend- und Mehrtages-Programme wie zum Beispiel eine kleine dreitägige Vitalkur an.

Wellness- und Spabereich
Im Haus Vidya ist kein Wellness- und Spabereich vorhanden. Dafür gibt es etwa zehn Minuten zu Fuß entfernt ein Thermal-Mineralbad mit Saunalandschaft.

Freizeit****
Die Gäste finden eine Kombination aus Landschaft, Kultur und Geschichte vor. Zahlreiche Sehenswürdigkeiten wie Museen, historische Stadtkerne, alte Burgen und Schlösser können besichtigt werden. Es werden kostenlose Fahrradtouren angeboten. Die Räder können bei einem Anbieter, zehn Minuten vom Haus Yoga Vidya entfernt, abgeholt werden.

Erwähnenswert
Das Haus bietet zahlreiche Ausbildungen, Seminare, Tagungen, Kurse rund um Yoga und Ayurveda an. Yogalehrerausbildungen mit 60 bis 80 Teilnehmern sind keine Seltenheit. Fraglich ist, ob bei so vielen Teilnehmern der Qualitätsstandard der Ausbildung gewahrt bleibt.

Ayurveda-Klinik in der Habichtswald-Klinik Kassel

Wigandstraße 1
D-34131 Kassel
Telefon +49 (0)561 310899
info@ayurveda-klinik.de
www.ayurveda-klinik.de

Wann immer in den Medien über hochwertiges Ayurveda in Deutschland berichtet wird, steht die Habichtswaldklinik an erster Stelle. Die hier untergebrachte Ayurvedaklinik ist ein eigenständiger Teil der Habichtswaldklinik. Die Ayurvedaabteilung ist freundlich gestaltet, die Anwendungen und die ärztliche Betreuung sind sehr gut. Die Klinik bietet sich für Menschen an, die aus gesundheitlichen Gründen nicht nach Indien fliegen können, aber trotzdem gern eine Ayurvedakur unter ärztlicher Aufsicht machen möchten.

Preiskategorie: Hoch

Lage****
Die Klinik liegt im Herzen Deutschlands, in Kassel-Bad Wilhelmshöhe. In unmittelbarer Nähe der Klinik befindet sich eine große Therme und der größte Bergpark Europas.

Ambiente**
Bereits der Empfangsbereich der Klinik ist weitläufig und hell und spiegelt das Gesamtbild der Klinik wider. Die freundliche Atmosphäre prägt auch die Ayurvedaabteilung, die in hellen Farben gehalten ist. Sanfte Gelbtöne vermitteln ein Gefühl der Entspannung und lassen den Gast schnell vergessen, dass er sich in einer Klinik befindet.

Zimmer*
Die Zimmer sind einfach und klein, aber freundlich gestaltet. Die Einrichtungsgegenstände aus Holz vermitteln eine warme Atmosphäre.

Küche****
In der Klinik gibt es eine vegetarische Ayurvedaküche, deren Vielfalt den Gast überrascht und den Gaumen sehr erfreut. Bei den Mahlzeiten wird darauf geachtet, dass sie alle sechs Geschmacksrichtungen enthalten. Gewürze und Zutaten werden erklärt. Kochkurse im Haus sind möglich.

Ayurveda****
Die Ayurvedaklinik ist ein eigenständiger Teil der Habichtswaldklinik; sie hat einen herausragenden Ruf als Zentrum für Ganzheitsmedizin und Naturheilverfahren. Zu Beginn eines Aufenthalts in der Ayurvedaklinik erfolgt ein ausführliches Gespräch und eine gründliche Untersuchung. Nach einer Zungen- und Pulsdiagnose und der Einschätzung des Konstitutionstyps werden die Behandlungen und der Ernährungsplan individuell auf den Gast abgestimmt. Täglich finden Visiten statt und am Wochenende Gesprächsrunden mit den Ärztinnen und Ärzten. Zur Unterstützung der Kur wird ein reichhaltiges Rahmenprogramm, bestehend etwa aus Yoga, Meditationen sowie Vorträgen über Ayurveda, angeboten.

Wellness- und Spabereich*
Die Klinik ist durch einen Gang direkt mit der Kurhessen-Therme verbunden. Diese Therme ist der Mittelpunkt des Thermalsole-Heilbads Wilhelmshöhe. Die Therme bietet neben großen Schwimmbecken – sowohl innen als auch außen – Saunen und Dampfbäder aller Art.

Freizeit**
Zu den Sehenswürdigkeiten gehören das Schloss Wilhelmshöhe mit seiner Gemäldegalerie, der Antikensammlung und dem Garten. Des Weiteren hat sich Kassel als dokumenta-Stadt einen Ruf als Kunst- und Kulturstadt erworben und bietet somit ein reichhaltiges Angebot.

Europäische Akademie für Ayurveda (Mahindra-Institut)

Forsthausstraße 6
D-63633 Birstein
Telefon +49 (0)6054 91310
info@ayurveda-akademie.org
www.ayurveda-akademie.org

Die Europäische Akademie für Ayurveda gilt als eine der zentralsten Anlaufstellen für Ayurveda in Europa. Hier sind viele der Therapeuten ausgebildet worden, denen wir bei unserer Recherche begegnet sind.

Die Europäische Akademie, deren Mutterhaus sich in Birstein befindet, hat auch Ausbildungsstätten in Österreich und in der Schweiz. Angeboten werden Ausbildungen, Kuren und Seminare für Ayurveda, Yoga und die verwandten vedischen Wissenschaften. Die Ausbildungen und Seminare haben den Anspruch, sowohl das Wissen als auch die Techniken von Ayurveda und Yoga kompetent weiterzugeben. Angeboten werden auch Ayurvedakuren.

In dem architektonisch reizvollen, nach Prinzipien des Vastu gestalteten Gesundheits- und Schulungszentrum herrscht eine warmherzige und kommunikative Atmosphäre. Zudem verfügt es über eine ausgezeichnete ayurvedische Küche.

Einmal im Jahr finden hier im Rahmen einer Tagung zahlreiche interessante Vorträge und Workshops zum Thema Ayurveda statt.

Seva-Ayurveda

Zweigstraße 10
D-80336 München
Telefon +49 (0)89 7904680
info@seva-ayurveda.de
www.seva-ayurveda.de

Die Seva-Ayurveda-Akademie ist ein großes, anerkanntes Ausbildungsinstitut für Ayurveda. Seva wurde von Dr. Hans Rhyner mit aufgebaut, der

Bei »Seva-Ayurveda« bemüht man sich, Ayurveda im Sinn des indischen Ayurveda zu vermitteln. Aber auch hier weiß man um die Problematik der Übertragbarkeit dieses Ayurveda auf Europäer. Daher tritt man für eine Synthese verschiedener medizinischer Richtungen und Heilverfahren ein.

zuvor viele Jahre in Indien lebte. Heute betreibt er das »Allvedya« in Österreich und ist als international anerkannter Dozent tätig. Mittlerweile ist Dr. Rhyner allerdings nicht mehr bei »Seva« tätig; das Institut wird von Helga Schmidt geleitet. Bei unserer Recherche begegneten uns sehr gründlich ausgebildete Ayurvedatherapeuten aus dem Haus Seva.

»Seva-Ayurveda« arbeitet auch mit einigen in diesem Buch aufgeführten Kurzentren in Europa und Asien zusammen, die alle sehr zu empfehlen sind.

Darüber hinaus kann man über »Seva« auch zahlreiche ayurvedische Produkte beziehen.

Ayurvedahäuser in Österreich

Haus Hirt Alpine Spa

An der Kaiserpromenade 14
A-5640 Bad Gastein
Telefon +43 (0)6434 27970
info@haus-hirt.com
www.haus-hirt.com

Vom charmanten, mit Antiquitäten ausgestatteten Hotel hat man einen wunderbaren Blick in die Berge. Für die Freizeitgestaltung bietet sich hier im Winter das Skifahren und im Sommer das Wandern an. Das Ayurvedaangebot ist auf Abhyanga beschränkt; Entspannung steht hier im Vordergrund.

Preiskategorie: Mittel

Lage****
Das «Haus Hirt« liegt am südlichen Ende des Gasteiner Tals, am Höhenweg zwischen Bad Gastein und Bad Hofgastein. Hier öffnet sich ein herrlicher Blick auf die umliegenden Berge und auf das gesamte Gasteiner Tal.

Ambiente***
Ursprünglich als Wohnhaus eines Gasteiner Baumeisters konzipiert, wurde das Haus über fast hundert Jahre immer wieder vergrößert und verändert. Heute noch bietet es ein ursprüngliches, sehr charmantes Ambiente, geschmackvoll und zum Teil mit Antiquitäten eingerichtet.

Zimmer***
Kein Zimmer gleicht dem anderen. Die meisten sind renoviert, haben schöne alte Holzfußböden und sind einfach, aber mit viel Geschmack eingerichtet. Von den meisten Zimmern hat man eine wunderbare Aussicht auf die Berge.

Küche***
Die Küche ist österreichisch ausgerichtet. Die Zutaten stammen mehrheitlich aus der Region. Die Gerichte sind abwechslungsreich und gut bemessen. Auch der Service ist perfekt.

Ayurveda*
Angeboten wird nur eine einzige ayurvedische Abhyanga. Die Ayurvedatherapeutin, die diese durchgeführt, nimmt sich ausreichend Zeit dafür. Sie hat allerdings nicht nach akuten oder chronischen Beschwerden gefragt. Die Behandlungsräume sind hell und farblich harmonisch gestaltet; die Atmosphäre ist sehr entspannend.

Wellness- und Spabereich*
Es stehen nur eine sehr kleine Finnische Sauna und ein kleines Dampfbad zur Verfügung. Vom sonnendurchfluteten Ruheraum

schaut man auf die Sonnenterrasse und über das gesamte Tal. In einem kleinen nostalgischen Raum stehen zwei Sitzwannen, die direkt aus einer heißen Thermalwasserquelle gespiesen werden.

Freizeit ****

Das sehr schöne Skigebiet des Gasteiner Tals ist mit dem Auto oder Shuttlebus in ein paar Minuten erreichbar. Außerdem gibt es herrliche Spazier- und Wanderwege direkt ab dem Hotel, wie zum Beispiel einen Panorama-Höhenwanderweg bis nach Bad Hofgastein, für den man etwa zweieinhalb Stunden braucht. Das Hotel bietet täglich Freizeitaktivitäten an, auch für Kinder.

Besonderes

Hier hat der Architekt seine Ideen verwirklicht; alle Räume sind sehr ansprechend und mit viel Liebe zum Detail gestaltet. Der Hausherr stellt den Gästen in der Bibliothek und in der Lounge viele wunderbare Kunstbücher zum Anschauen zur Verfügung.

Biohotel Daberer Vital & Spa

St. Daniel 32
A-9635 Dellach im Gailtal
Telefon +43 (0)4718 590
info@biohotel-daberer.at
www.biohotel-daberer.at

Gemäß dem Motto »Bio« gibt es hier entsprechend viel Kontakt zur Natur. So kann man beispielsweise in einem Naturteich auf einer sonnigen Lichtung im Wald schwimmen. Außerdem gibt es zahlreiche Wellnessangebote und Ayurasan-Behandlungen, die auf der Naturkosmetik von Gertraud Gruber beruhen.

Preiskategorie: Mittel

Lage ****

80 Kilometer von Villach entfernt liegt das Hotel im wunderschönen Gailtal.

Ambiente ****

Das Haus ist mit viel Liebe zum Detail im ländlich-rustikalen Stil eingerichtet.

Zimmer *****

Die Zimmer sind mit sehr viel Naturholz rustikal ausgestattet. Man fühlt sich hier wohl und kommt zur Ruhe.

Küche ***

Angeboten werden qualitativ gute regionale und internationale Gerichte. Die Speisen werden zum Teil mit reichlich Knoblauch zubereitet. Alle im Haus verwendeten Bio-Lebensmittel sind mit der Austria-Bio-Garantie zertifiziert.

Ayurveda ***

Es werden ausschließlich Ayurasan-Behandlungen nach Gertraud Gruber angeboten, zum Beispiel: sinnliche Ayurvedapflege, Ölmassage mit Peeling und Pflege, Gesichtsbehandlung, Ganzkörpermassage, Wohlfühlpackung. Der Gast bekommt eine typgerechte Behandlung. Allerdings wird er nicht nach körperlichen Problemen befragt. Die Therapeuten nehmen sich genügend Zeit, sodass sich die Gäste gut beraten fühlen.
Bei unserem Besuch befand sich die Ayurvedaabteilung noch im Aufbau.

Wellness- und Spabereich * * * *
Vom 900 Quadratmeter großen Wellnessbereich mit Ruheliegen hat man einen Blick in die Karnischen Alpen. Gesalbt, massiert und entspannt wird mit Bio-Ölen, Kräutern und mit Naturkosmetik von Gertraud Gruber und Dr. Grandel. Es gibt auch eine bunte Hamamoase mit Eukalyptus-Dampfgrotte sowie Farblicht und Strahlungswärme im Bellaveda-Farblaconium.

Freizeit * * * * *
Das Freizeitangebot ist mit Fahrradverleih, Fitnessraum, Fitnessprogramm, Golf, Reiten, Tennis, Tischtennis reichhaltig. Außerdem gibt es verschiedene Skigebiete.

Besonderes
Naturschwimmteich auf einer sonnigen Anhöhe im Wald, zwei Gehminuten vom Haus.

Central Spa Hotel

Hof 418
A-6450 Sölden
Telefon +43 (0)5254 22600
info@central-soelden.at
www.central-soelden.at

Im Skiort Sölden im Ötztal präsentiert sich das elegante »Central« im Landhausstil mit der Noblesse eines hochkarätigen Hotels. Den Gast erwartet ein breites Beauty- und Wellnessangebot. Zudem sind hier hervorragende Ayurvedatherapeuten tätig.

Preiskategorie: Hoch

Lage * * * *
Das Haus liegt im Herzen des sonnenverwöhnten Ötztals, inmitten eines Dorados des Wintersports.

Ambiente * * * * * *
Im ganzen Haus findet man eine geschmackvolle Mischung aus Holz, Glas und Stein sowie liebevoll gewählten Dekorationsstücken. Am Swimmingpool steht eine echte venezianische Gondel als Dekoration.

Zimmer * * * * * *
Die Zimmer sind in verschiedenen Stilen eingerichtet. Man kann zwischen elegantem, puristischem und englischem Landhausstil, modernem Design oder auch nostalgischem Ambiente wählen.

Küche * * * * * *
Die Büfetts sind beladen mit Gaumenfreuden und lukullischen Kunstwerken. Die Küche präsentiert ein breites Spektrum, vom rustikalen Tiroler Schmankerl bis hin zu raffinierten Fischspezialitäten der japanischen Küche. Das exklusive Fünfgängemenü wird durch Qualitätsweine aus den besten Weinregionen Österreichs, Italiens, Spaniens sowie von Übersee abgerundet.

Ayurveda * * * * *
Hier setzt man ganz bewusst auf Wellness-Ayurveda. Die drei ausgebildeten Auyurvedatherapeuten bieten Abhyanga, Upanaha-Svedana, Padabhyanga, Garshan, Mukabhyanga und Shirodhara an. Die angenehme Atmosphäre in den Behandlungsräumen fördert die Entspannung. Bei den Behandlungen nimmt sich der Therapeut viel Zeit. Zuvor wird der Gast jedoch nach körperlichen Leiden und Problemen befragt und eine Bestimmung der Dosha-Störungen vorgenommen, sodass er eine typgerechte Behandlung bekommt.

Wellness- und Spabereich * * * * *
In der drei Etagen umfassenden märchenhaften Wasserwelt gibt es belebende Saunen und entspannende Dampfbäder, Whirlpools und Blütensprudelbäder, vitalisierende Massage- und Bergwasserduschen. Der Beautybereich ist mit warmen Wandfarben sehr schön gestaltet. Der Raum der Stille ist ein absolutes Muss: Hier kann man ganz zu sich selbst finden. Neben Ayurveda reichen die Angebote von Ligne-St.-Barth-Körperbehandlungen über Pantai Luar, thailändische Yogamassage, Lomi

Lomi Nui bis hin zum »Luxury Treatment«.

Freizeit***

Dank dem Ötztaler Gletscher ist in Sölden Schnee garantiert.

Das Aktivprogramm im Winter ist entsprechend reichhaltig. Auch im Sommer wartet der Ort mit einer Vielzahl von Unternehmungsmöglichkeiten auf. Besonders beliebt sind die zahlreichen Seen in unmittelbarer Nähe.

Besonderes

Der Sinn für Ästhetik der Chefin des Hauses ist überall zu spüren.

Erwähnenswert

Die luxuriöse Innenausstattung der Zimmer beherbergt zu viel Hightech für Ungeübte. So braucht es etwas Zeit, bis man den richtigen Schalter findet, um die gewünschte Lampe zu dimmen, an- oder auszuschalten; und uns war es fast unmöglich, den Whirlpool im Bad zu benutzen, weil eine genaue Beschreibung fehlte. Die Folge war eine kleine Überschwemmung im Bad.

Naturhotel Chesa Valisa

Gerbeweg 18
A-6992 Hirschegg
Telefon +43 (0)5517 54140
info@naturhotel.at
www.naturhotel.at

Wer die Berge liebt, kommt im Naturhotel auf seine Kosten. Das Hotel selbst präsentiert sich ökologisch und naturnah, wie zum Beispiel mit Lehmwänden, und die exzellente Küche ist biologisch und regional orientiert. Ayurveda nimmt einen hohen Stellenwert ein.

Preiskategorie: Hoch

Lage***

Das »Chesa Valisa« liegt inmitten einer wunderschönen, intakten Naturlandschaft im Kleinwalsertal.

Ambiente***

Die gelungene Kombination aus Tradition und Moderne und die harmonische Einbindung der vier Elemente Feuer, Wasser, Luft und Erde lassen den Gast hier schnell zur wohlverdienten Entspannung kommen. Das Haus ist geschmackvoll mit Lehmwänden und viel Holz ausgestattet; es wurde zum ersten zertifizierten »Alpine Wellness-Hotel« Österreichs ernannt.

Zimmer***

In den schlicht, aber geschmackvoll eingerichteten Zimmern fühlt man sich wohl.

Küche***

Das Haus bietet eine gesunde und exzellente Küche. Das

Naturhotel steht mit regionalen, ökologisch orientierten Landwirtschaften in engem Kontakt, um die Gäste mit frischen und ökologisch angebauten Produkten zu verwöhnen.

Ayurveda***

Angeboten werden unter anderem Abhyanga, Shirodhara, ayurvedischer Garshan, Mukabhyanga und verschiedene Ayurvedapakete. Die Maxime des Ayurveda, ganz auf den Gast und seine Bedürfnisse einzugehen, steht unseres Erachtens nicht an erster Stelle. So wurden zum Teil von nur einem Ayurvedatherapeuten acht Behandlungen pro Tag durchgeführt; und das kann sich nur nachteilig auf die Qualität der Behandlungen auswirken.

Wellness- und Spabereich***

Der Spabereich ist eher klein, und wenn hier Kinder herumtoben, kann es mitunter sehr laut werden. Angeboten werden unterschiedlichste Einzelbehandlungen bis hin zu Wellness-Packages, bei denen man über mehrere Tage mit verschiedenen Anwendungen verwöhnt wird.

Freizeit*****

Wer die Berge liebt, kommt hier durch die zahlreichen Skipisten und Wanderwege sowohl im Winter als auch im Sommer auf seine Kosten. Das Hotel bietet sehr viele sportliche Aktivitäten an, wie zum Beispiel geführte Bergtournen, Nordic Walking und Biketouren.

Besonderes

Das Haus eignet sich besonders gut für Familien mit Kindern. Für die kleinen Gäste gibt es hier zahlreiche Angebote. Qualifizierte Betreuer kümmern sich um die Kinder, wenn deren Eltern sich zum Beispiel bei ihren Ayurveda- oder Wellness-Anwendungen entspannen wollen.

Hotel Hochschober

A-9565 Turracher Höhe 5
Telefon +43 (0)4275 8213
holiday@hochschober.at
www.hochschober.at

Warum nach China fahren, wenn es einen original chinesischen Turm auf der Turracher Höhe gibt? Liebhaber von Wellness und Ästhetik sollten mindestens einmal in ihrem Leben hier gewesen sein, um zu sehen, welch einzigartige Welt aus Wasser, Wärme und Wohlgefühl sich kreieren lässt. Die Ayurvedabehandlungen hingegen sind noch verbesserungsfähig.

Preiskategorie: Hoch

Lage*****

Die Turracher Höhe liegt auf 1763 Metern über dem Meer zwischen den Bundesländern Kärnten und Steiermark. Ihre landschaftliche Besonderheit bilden drei kleine Bergseen und das größte zusammenhängende Zirben-(Arven)waldgebiet Österreichs. Ein Ort, der durch seine Natur begeistert.

Ambiente*****

Bekannt ist der »Hochschober« für seine einzigartige Welt aus Wasser, Wärme und Wohlgefühl, die exklusiv den Gästen zur Verfügung steht. Der Versuch, Konzepte aus vier Kulturkreisen, die alle dem Wohlgefühl gewidmet sind, harmonisch zusammenzufügen, ist den Familien Lee und Klein auf besondere Weise gelungen. So findet man hier aus der nordischen Tradition mehrere Saunen. Für die mediterrane Welt steht das Seebad,

wo der Gast bei wohlig-warmen 28 bis 30 Grad im klaren Wasser des Turracher Sees baden kann. Die orientalische Welt wird durch ein Hamam präsentiert, das in Anlage, Qualität, Größe und Authentizität eine ganz hervorragende Stellung einnimmt. Die fernöstliche Welt schließlich stellt der Chinaturm dar, der am Ufer des Turracher Sees steht. Das Zentrum der Anlage, das Hotel selbst, ist etwas rustikaler gehalten.

Zimmer * * * *

Es gibt Zimmer verschiedener Kategorien mit einheitlich hohem Ausstattungsstandard. Der Blick auf die Berge oder den See ist traumhaft.

Küche * * * * *

Die Abendmenüs bestehen aus Köstlichkeiten der internationalen Küche und regionalen Spezialitäten. Dazu mundet der eigene Wein aus dem Hochschober-Weingarten in Donnerskirchen im Burgenland, der als besondere Rarität auch in Form von Sekt und als Trockenbeerenauslese angeboten wird. Die Verwendung hochwertiger, naturbelassener Produkte aus der Region ist für das Haus oberstes Prinzip; so stammt die Mehrheit der Produkte von Bergbauern der Gegend. Das im Haus gebackene Bauern- und Nussbrot schmeckt unwiderstehlich gut.

Ayurveda * *

Das Ayurvedaangebot ist sehr umfangreich. Angeboten werden zum Beispiel Abhyanga, Garshan, Karna Purana, Shirodhara, Upanahasveda, Nabhi, Mukabhyanga und Gesichtsbehandlungen mit Amlacin-Kosmetik. Die Anwendungen schienen uns allerdings einer profunden Kenntnis des Ayurveda zu entbehren. Eine vor der Behandlung zur Entspannung gedachte Yoga-Atemübung wurde überdies falsch angeleitet. Auch wurde nicht nach akuten Beschwerden gefragt und die Behandlung nicht auf den Gast abgestimmt.

Wellness- und Spabereich * * * * * *

Die vier Kulturkreise, die im »Hochschober« verbunden werden, finden sich auch hier wieder. Geboten werden unter anderem mehrere Saunen, Dampfbad, Keltenofen, Aromagrotten, das Hochschober-Seebad im Turracher See sowie drei Außenpools mit Alpenstrand, Hallenbad und Solebecken. Ebenso vielfältig sind die Anwendungen, die hier gebucht werden können: Von klassischen Massagen bis zum Besuch bei einem chinesischen Arzt im Chinaturm gibt es für jede Vorliebe und für jedes Bedürfnis etwas.

Freizeit * * * * * *

Die Turracher Höhe bietet sich besonders im Winter als schneesicheres Gebiet für Outdooraktivitäten wie Skifahren, Snowboarden oder Schneeschuhwandern an. Im Sommer und im Herbst ist sie ein abwechslungsreiches Berg-, Spazier- und Wandergebiet.

Besonderes

Für den Bau des chinesischen Turms wurden eigens chinesische Ingenieure und Bauherren eingeflogen. Das Highlight des Turms ist zweifellos das »Schöne Teehaus am Berg« im vierten Stock. Hier stehen chinesische Teekultur und fernöstliche Tees im Mittelpunkt. Neben der Möglichkeit, verschiedene köstliche Chinatees zu probieren, wird hier täglich die Gongfu-Cha-Teezeremonie zelebriert.

Hotel Kaiserhof

Harmstatt 8
A-6352 Ellmau
Telefon +43 (0)5358 2022
info@kaiserhof-ellmau.at
www.kaiserhof-ellmau.at

Dieses exzellente Hotel hat nur 30 Zimmer. So fühlt man sich wie bei guten Freunden beherbergt, und das auf höchstem Niveau. Für Ayurveda hätte das Haus eigentlich noch einen siebten Stern verdient.

Preiskategorie: Hoch

Lage******
Das Hotel liegt auf einem Sonnenplateau oberhalb von Ellmau. Die exponierte Lage bietet einen traumhaften Blick auf den Wilden Kaiser, Wiesen und Wälder.

Ambiente******
Das Haus ist stilvoll und elegant eingerichtet und von besonderer Gastfreundlichkeit erfüllt.

Zimmer******
In den Zimmern sind traditionelle Gestaltungselemente und moderne Eleganz vereint, und sie erinnern mit ihren barocken Leuchten mitunter an kaiserliche Zeiten.

Küche*****
Der vielfach ausgezeichnete Günter Lampert bietet eine Gourmetküche auf höchstem Niveau. Besonderen Wert legt er auf frische regionale Produkte, die je nach Jahreszeit das kulinarische Angebot des Hauses bestimmen. Eine ayurvedische Küche gibt es bislang noch nicht.

Ayurveda******
Angeboten werden Abhyanga, Shirodhara, Padabhyanga, Mukabhyanga. Durchgeführt werden sie von André Lercher, einem Physiotherapeuten mit Ayurvedaausbildungen in Österreich, Deutschland und Indien. Er verfügt über ein profundes Wissen und ist immer bemüht, dieses weiter zu vertiefen. Daher sind seine Wellness-Ayurveda-Behandlungen und sein therapeutisches Ayurveda vom Feinsten. Langfristig möchte das Haus seine Ayurvedaangebote erweitern.

Wellness- und Spabereich****
In der Kaiser-Vital-Welt findet der Gast ein mit Mosaikfliesen in Weiß und Königsblau gehaltenes Bad mit beeindruckendem Panoramablick. Das Schwimmbecken wird gut besucht und bietet hörbar besonders Kindern viel Freude. In der Beautyfarm und im Saunabereich ist es hingegen sehr still. Angeboten wird neben Hot-Stone- und anderen exotischen Behandlungen die exklusive Linie Maria Galland. Hier werden die Gäste von sehr gut ausgebildetem Personal beispielsweise mit hervorragenden Gesichtsbehandlungen verwöhnt.

Freizeit******
Die Palette der Möglichkeiten ist durch den in unmittelbarer Nähe gelegenen »Wilden Kaiser« einzigartig: Skifahren, Skiwanderungen im Winter, Wandern im Sommer.

Besonderes
Dank der geringen Zimmerzahl fühlt man sich auf höchstem Niveau wie bei guten Freunden beherbergt, und das auf höchstem Niveau.

Hotel Krallerhof

Rain 6
A-5771 Leogang
Telefon +43 (0)6583 82460
office@krallerhof.com
www.krallerhof.com

Der Krallerhof ist wohl eine der schönsten Wellnessoasen in Österreich. Sein Stil ist gemütlich-rustikal-elegant. Er ist eingebettet in die Leoganger Steinberge. Die Ayurvedabehandlungen werden neuerdings von Umesh, einem indischen Ayurvedatherapeuten, gegeben.

Preiskategorie: Mittel

Lage *****
Inmitten des Salzburger Landes, auf 1760 Metern über dem Meer, liegt das Haus und bietet dem Gast einen besonderen Blick auf die Leoganger Steinberge und seine grünen Wiesen.

Ambiente *****
Durch ein wohldosiertes Maß an natürlichem Holz, durch eine geschmackvolle Asia-Spa-Anlage und durch exklusive Suiten entsteht ein besonderes Flair.

Zimmer *****
Neben den klassischen Zimmern hat das Haus einen Suitentrakt der Extraklasse, den der Künstler Tony Waltinger eindrucksvoll gestaltet hat. Hier findet der Gast Tradition und Kunst erfrischend und ästhetisch kombiniert.

Küche ******
Das Augenmerk der Küche liegt auf der Verwendung von heimischen Produkten aus der Region. Besonders köstlich schmeckt das selbstgebackene Schwarzbrot nach einem alten Rezept.

Ayurveda *****
Angeboten werden unter anderem Abhyanga, Shirodhara, Padabhyanga, Mukabhyanga. Behandelt wird im »Refugium«, das durch seine erdigen Farben und sein indisches Interieur ein authentisches Ayurvedaflair vermittelt. Das Preis-Leistungs-Verhältnis ist bemerkenswert. Im Gegensatz zu anderen Luxushotels sind hier die Preise für Ayurvedabehandlungen moderat.

Wellness- und Spabereich ****
Das 1720 Quadratmeter große »Refugium« sucht seinesgleichen. Hier findet man faszinierende Räumlichkeiten: eine einzige betörende Harmonie von Farben und Materialien, Düften und Tönen. Die weitläufige Spaanlage mit ihren verschiedenen extravaganten und hochwertigen Saunen, Duschen und Wasserbecken bringt selbst die unruhigsten Geister zur Entspannung. Massagen, Kosmetik, Thalasso – alles vom Feinsten. Es gibt auch eine große Anzahl verschiedener Packages, die zusammen mit einem Hotelzimmer gebucht, in einem sehr guten Preis-Leistungs-Verhältnis stehen.

Freizeit ******
Im Winter gibt es eine Anbindung an etwa 60 Lifte, im Sommer vielfältige Wandermöglichkeiten. Für Mountainbikefahrer werden mehrmals wöchentlich geführte Touren veranstaltet. Das Hotel hat unter anderem einen Quarzsand-Tennisplatz, Squashcourts.

Besonderes
Als besonders malerisches Element im »Refugium« ist der kleine japanische Garten hervorzuheben, den man vom Ruheraum aus sehen kann bzw. nach einem der wohltuenden Saunagänge aufsuchen kann.

Posthotel Achenkirch

A-6215 Achenkirch
Telefon +43 (0)5246 6522
posthotel@posthotel.at
www.posthotel.at

Ein Hotel, das seine Gäste gern mit Außergewöhnlichem überrascht. Die Köche sorgen für höchste Gaumenfreuden. Das Wellnessangebot ist exklusiv. Die Ayurvedaanwendungen werden von einer hervorragenden Therapeutin ausgeführt.

Preiskategorie: Hoch

Lage****
Das Posthotel Achenkirch liegt am Achensee, dem größten See Tirols. Im Winter ist das Gebiet schneesicher, im Sommer und im Herbst bieten sich hier zahlreiche Wandermöglichkeiten.

Ambiente*****
Das Haus ist im Landhausstil eingerichtet, mit großer Liebe zum Detail.

Zimmer*****
Die Zimmer sind sehr groß und bieten viel helles Holz und herrliche Stoffe.

Küche******
Die Köche sorgen für höchste Gaumenfreuden. Sie verwöhnen ihre Gäste mit kreativer regionaler Küche aus frischen, heimischen Produkten. Die Sommeliers suchen dazu die feinsten Tropfen aus.

Ayurveda****
Angeboten werden unter anderem Abhyanga, Shiromardana, Padabhyanga, Haatabhyanga, Garshan. Durchgeführt werden die Behandlungen von einer Ayurvedatherapeutin, die vor den Behandlungen fundiert über Ayurveda aufklärt und anschließend hilfreiche Tipps für zu Hause gibt. Darüber hinaus wird für die Gäste ein kenntnisreicher Vortrag über Ayurveda angeboten. Da die Nachfrage so groß ist, wirkte die Masseurin nach sieben Behandlungen am Tag sehr erschöpft.

Wellness- und Spabereich******
Der Spabereich ist mit über 1000 Quadratmetern großzügig angelegt und bietet ein umfangreiches Angebot an. Verwöhnen

lassen kann man sich zum Beispiel mit Orangenblütenbädern, Steinölbädern, Exklusivbehandlungen für den Herrn, Neo Qi Energie Cocoon, Hamam oder der Ying-Yang-Packung nach Chenot. Zudem gibt es eine Wasserlandschaft, unter anderem mit einem großen Hallenbad, verschiedenen Saunen und Aromagrotten.

Freizeit ******
Das Freizeitangebot ist groß und umfasst unter anderem

Wandern, Skifahren und Reiten. Außerdem kann man die Umgebung auch im Porsche oder auf der Harley Davidson erkunden. Das Posthotel macht alles möglich.

Besonderes
Hervorzuheben sind die Lipizzaner der Familie Reiter, eine der größten privaten Lipizzaner-Sammlungen in Österreich. Außergewöhnlich ist auch der Umgang der Familie Reiter mit ihren Mitarbeitern, denen sie wie ihren Gästen eine Wohlfühl-Atmosphäre vermitteln möchte. So werden beispielsweise in regelmäßigen Abständen Urlaube mit der ganzen Belegschaft unternommen.

Rogner Bad Blumau

A-8283 Bad Blumau
Telefon +43 (0)3383 51000
spa.blumau@rogner.com
www.blumau.com

Das Hotel trägt die Handschrift von Friedensreich »Regentag« Hundertwasser: begrünte Dächer, geschwungene Fassaden, bunte Fensterrahmen, unebene Fußböden und klare, kräftige Farben. Das Angebot ist so umfassend wie an keinem anderen Ort. Die Ayurvedatherapeuten wurden eigens von einem indischen Ayurvedaarzt ausgebildet und verstehen ihr Handwerk. Einziger Wermutstropfen: Am Wochenende kann es durch die zahlreichen Tagesgäste mitunter sehr voll werden.

Preiskategorie: Hoch

Lage *****
Die nächste große Stadt ist Graz. Die Abseitslage des Hotels macht dieses gleichzeitig zu einem Refugium. Man erreicht das Hotel am schnellsten mit dem Auto oder mit Flugzeug und Taxi.

Ambiente ******
Durch die verspielte, farbenfrohe Architektur des Wiener Künstlers Hundertwasser herrscht ein leichtes, fröhliches Ambiente. Die Liebe zum Detail ist überall spürbar; immer wieder entdeckt das Auge hübsche Gestaltungselemente. Darüber hinaus folgt das Hundertwasserhotel einer ganzheitlichen Philosophie, in die Natur- und Umweltbewusstsein miteinbezogen sind.

Zimmer *****
Die Zimmer, ebenfalls im Stil von Hundertwasser gebaut, sind mit viel Liebe eingerichtet. Sie sind teilweise allerdings etwas zu klein. Trotzdem schläft es sich hier hervorragend, und beim märchenhaften Blick am Morgen auf die Therme meint mancher wohl im ersten Moment, noch zu träumen.

Küche *****
In den verschiedenen Restaurants kann man auf kulinarische Entdeckungsreise gehen. Im Restaurant Lebensfroh gibt es zum Frühstück, Mittag- und Abendessen abwechslungsreiche Büfetts. Die Gerichte der

regionalen und klassisch-österreichischen Küche werden hier zum Teil vor den Augen der Gäste frisch zubereitet. Die Portionen sind klein, aber fein. Im Gourmetrestaurant GenussReich mit Ausblick auf ein herrliches Biotop gibt es immer ein vorzügliches ayurvedisches Menü. Ein Muss! Und wer gern im Bademantel speist, kann dies im Restaurant Regentage. Im »Lebensfroh« herrscht durch das Büfett eine relativ große Unruhe, die am Wochenende durch die zahlreichen Tagesbesucher noch erhöht wird. Dann sollte man sich in das »GenussReich« zurückziehen.

Ayurveda * * * *

Die Therapeuten des Hauses wurden von Dr. Gopinatha Gopakumar, dem ayurvedischen Arzt und Leiter des Sanjeevani-Instituts und Spiritual Healing Centers in Trivandrum, ausgebildet. Auf Wunsch werden dem Gast die Prinzipien des Ayurveda und der Ablauf der Behandlung ebenso wie die Auswirkung der jeweiligen Behandlung im Alltag erklärt; zum Teil bleibt es aber auch bei Floskeln wie »tiefgreifend«. Der aktuelle körperliche und psychische Zustand des Gastes wird miteinbezogen und die Behandlung darauf abgestimmt.

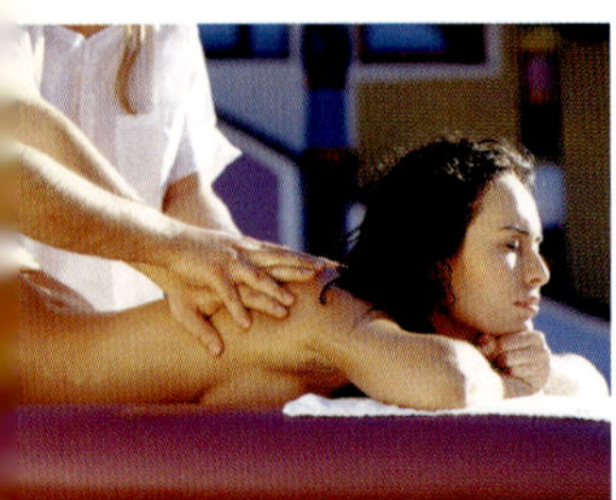

Angeboten werden traditionelle indische Ganzkörpermassage, Shiro Dhara, Udvarthana-Pulvermassage, Abhyanga, Kundalini, ayurvedische Kopf-, Nacken- und Gesichtsmassage sowie eine ayurvedische Ernährungsberatung. Im Beautybereich werden ebenfalls ayurvedische Kopfmassagen angeboten. Die Einzelbehandlungen sind im Vergleich zu anderen Häusern sehr teuer.
Die Behandlungsräume sind dem Stil des Hauses entsprechend sehr geschmackvoll eingerichtet.

Wellness- und Spabereich * * * * * *

Im Wellness- und Spabereich sowie in der Thermen- und Saunenlandschaft kann man im »Hundertwasser« schwelgen. Bunt, verspielt, mit kleinen Brücken und Lebensbäumen, die aus dem Wasser ragen, wird die Thermenlandschaft zu einem besonderen Erlebnis.
Es werden unterschiedliche Aufgüsse gemacht und ausgefallene Rituale aus verschiedenen Kulturkreisen praktiziert. Die Räuchermeister gehen immer wieder mit wohlduftenden und reinigenden Räucherstoffen durch die Anlage, um die Energie der Räume zu reinigen.
Im Gesundheitszentrum »Finde Dich« werden verschiedene Anwendungen wie zum Beispiel Akupunkturmassagen, Aromamassagen sowie diverse Gesichts- und Körperbehandlungen angeboten. Vor den Behandlungen hat man die Möglichkeit, sich zehn Minuten in einem runden Ruheraum auf einer geheizten Bank mit Blick auf einen wunderschönen Brunnen mit Blüten und Kerzen zu entspannen.

Freizeit * * * *

Die Anlage selbst ist abwechslungsreich und bietet vielfältige Indoor- und Outdooraktivitäten an, dass man kaum das Bedürfnis verspürt, das Gelände zu verlassen.

Besonderes

Das von Hundertwasser erbaute Hotel versetzt den Besucher durch die hier herrschende Farben- und Formenvielfalt in eine fröhliche, heitere Stimmung.
Das »Rogner Bad Blumau« verfügt über zwei heilende Quellen: die Melchior Heilquelle und die Vulkania Heilquelle.

Hotel Salzburgerhof

Auerspergstraße 11
A-5700 Zell am See
Telefon +43 (0)6542 765
5sterne@salzburgerhof.at
www.salzburgerhof.at

Im Sommer wogt ein Blumenmeer aus alpiner und asiatischer Flora, das in einem alpinen Feng-Shui-Garten angelegt ist. Diese Oase stellt ein besonderes Highlight des traditionellen Familienbetriebes dar. Das Wellnessangebot ist umfassend; das Ayurvedaangebot beschränkt sich auf Einzelbehandlungen.

Preiskategorie: Hoch

Lage*****
Das Hotel liegt in einer der schönsten Gegenden Österreichs. Zell am See ist das touristische Zentrum und die Bezirkshauptstadt des Pinzgaus. Von mächtigen 3000ern und sanften Hügeln umgeben liegt die Stadt idyllisch auf einer Halbinsel zwischen Zeller See und Schmittenhöhe.

Ambiente****
Die Einrichtung ist klassisch elegant. Im Winter hat man vom Restaurant aus einen märchenhaften Ausblick auf den verschneiten Garten. Für Liebhaber moderner Architektur kann das Ambiente etwas zu konservativ anmuten.

Zimmer*****
Die Zimmer, vor allem die Suiten, sind großzügig gestaltet und bieten durch Komfort und unaufdringlichen Luxus entsprechenden Raum zum Entspannen. Die Einrichtung ist konservativ-geschmackvoll und dabei in sich stimmig.

Küche******
Die Küche verwöhnt ihre Gäste unter der Leitung von Küchenchef Michael Helfrich nach allen Regeln der Kunst mit abwechslungsreichen Speisen entsprechend der jeweiligen Jahreszeit.

Ayurveda*****
Angeboten werden etwa eine Ayurasan-Gesichtsbehandlung oder aber Abhyanga und Shirodhara. Die Therapeuten verfügen über unterschiedliche Qualifikationen. So wurde eine Therapeutin in Innsbruck in Ayurveda ausgebildet; eine andere Therapeutin ist jedes Jahr für mehrere Monate in Indien und bildet sich dort weiter und bringt ihre dort gewonnenen Erfahrungen in den Behandlungen im Sinn des therapeutischen Ayurveda ein. Ansonsten geht es bei den

Anwendungen in erster Linie um Entspannung – und die ist garantiert. Leider hörten wir während der Behandlung die Geräusche im Nebenraum, sodass wir uns etwas gestört fühlten.

Wellness- und Spabereich*****
Hier wird der Gast durch hervorragend ausgebildete Therapeuten auf 2600 Quadratmetern Fläche umsorgt. Das Programm ist vielfältig und reicht von klassischen Behandlungen über Aromatherapie und Lomi-Lomi bis zu Fünf-Elemente-Energiebalance-Behandlungen.

Freizeit*****
Das Freizeitangebot in Zell am See ist äußerst vielfältig und lässt keine Wünsche offen. Im Winter ist Skisport möglich. Auch im Sommer hat der Gast zahlreiche Möglichkeiten, die eindrucksvolle Landschaft bei zahlreichen Freizeitaktivitäten zu genießen. Angeboten werden etwa Golf, Segeln, Wandern und Radfahren.

Besonderes
Der alpine Feng-Shui-Garten, eine Synthese aus Wasser, Licht und Pflanzen, ist ein besonderes Highlight. Wer durch den Garten wandelt, wird schnell spüren, dass es sich hierbei um einen Kraftort ganz besonderer Art handelt. Der kleine Wasserfall lädt genauso ein wie das kleine Schwimmbiotop. Eine Oase in der Oase, in der man Energie tanken kann.

Hotel Schwarzer Adler & Dépendance Sonnenheim

Oberhöfen 49
A-6675 Tannheim
Telefon +43 (0)5675 6204
schwarzer-adler@netway.at
www.schwarzer-adler.at

Dieses Haus strahlt eine herzliche Atmosphäre aus. Das Angebot an Ayurvedaanwendungen ist klein, aber fein.

Preiskategorie: Mittel

Lage*****
Das Hotel liegt zauberhaft im Tannheimer Tal, einem idyllischen Kleinod im Nordwesten Tirols in der Höhe von 1150 bis 2250 Metern.

Ambiente***
Das Haus ist gemütlich-rustikal. Die Puppensammlung im Speiseraum ist Geschmackssache.

Wellness- und Spabereich****
Geboten werden Qi Gong, die »Fünf Tibeter«, Atemgymnastik und Meditation, autogenes Training oder progressive Muskelentspannung. Auch wenn man nicht aktiv sein möchte, kann man in der liebevoll eingerichteten Anlage vollkommen entspannen.

Freizeit*****
Mountainbiking, Rafting, Paragliding, Reiterhof in der Nähe, Sportkletterei, Wandern – was will man mehr.

Zimmer***
Die unterschiedlich großen Zimmer sind auch familiengerecht gestaltet, mit Elternschlafzimmer und Kinderzimmer. Die Bäder sind teilweise etwas klein, werden aber gerade renoviert.

Küche****
Die Küche ist typisch österreichisch-bodenständig; es stehen aber auch speziell leichte Gerichte zur Auswahl.

Ayurveda******
Angeboten werden Abhyanga, Shirodhara, Shiroabhyanga und Mukabhyanga. Die Ayurvedatherapeutin Gabi Postl befragt den Gast vor der Behandlung nach seinem Gesundheitszustand und richtet die Behandlungen dementsprechend typgerecht aus. Der Behandlungsraum wurde im ruhigsten Teil des Hauses platziert, was der Möglichkeit zur Entspannung sehr zugute kommt.

Besonderes
Bei schlechtem Wetter wird der Kamin in der Halle eingeheizt. Die Atmosphäre des Hauses ist sehr herzlich, sodass man auch gut allein hinfahren kann, um abzuschalten. Hier fühlt man sich gut aufgehoben. Die rustikale Einrichtung ist teilweise sehr gemütlich, wirkt aber etwas kitschig.

Sport- & Wellness-hotel Stock

Dorf 142
A-6292 Finkenberg
Telefon +43 (0)5285 6775
sporthotel@stock.at
www.sporthotel-stock.com

Der Familienbetrieb zählt zu den schönsten Wellnesshotels Österreichs. Zum modernen Ambiente gibt es uriges Bergfeeling mit Kuhglocken, Bachrauschen und gesunder Bergluft. Ein besonderes Highlight des Hauses sind die erstklassigen Weine und die außergewöhnlich exquisite und große Spaabteilung. Auch wenn das Haus voll ist, lassen sich die Ayurvedatherapeuten bei den Behandlungen genügend Zeit, sodass man das Gefühl hat, dass der Gast König ist.

Preiskategorie: Hoch

Lage****
Das Hotel liegt in Finkenberg, inmitten des malerischen Zillertals. Das Haus selbst liegt zwar an der Hauptstraße, allerdings mit einem schönen Blick auf die Berge.

Ambiente******
Das Haus präsentiert sich im Landhausstil. Man fühlt sich hier rundum wohl.

Zimmer****
Die Zimmer sind großzügig, modern und edel gestaltet. Sie bieten viel Komfort und einen wunderschönen Blick in die Berge.

Küche*****
Die Küche ist abwechslungsreich. Angeboten werden ein reichhaltiges Frühstücksbüfett mit Bio- und Vitaminecke, ein Säure-Basen-Balancer, ein Wellnessmittagsmenü und am Abend ein Fünfgängemenü mit Wahlmöglichkeit.

Ayurveda*****
Das Ayurvedaangebot beinhaltet Abhyanga, Synchron-Abhyanga, Partner-Ayurveda-Massage, Shirodhara u.a. Die Therapeuten lassen sich bei den Behandlungen genügend Zeit. Dadurch fühlt man sich geborgen und aufgehoben und kann gut loslassen. Zunächst wird eine Dosha-Bestimmung vorgenommen; der Gast wird nach körperlichen Leiden und Problemen befragt und bekommt dann eine typgerechte Behandlung.

Wellness- und Spabereich******
Der Wellnessbereich ist neu und vom Feinsten. Angeboten werden unter anderem Romantikbad, Tiroler Steinölbad, Hamam-Seifenschaumreinigung, exotische und klassische Mas-

sagen, exklusive Gesichtsbehandlungen, Wellness- und Beautypakete.

Freizeit * * * * * *

Geboten wird für Jung und Alt, was das Herz begehrt. Angefangen von Mountainbiketouren, Tennis, Wandern, Skifahren bis zu Fotoworkshops.

Besonderes

Das Haus veranstaltet unter dem Motto »Über Stock und Wein« ein Fest für die Sinne mit international bekannten Winzern und anderen prominenten Gäs-

ten. Uns gefiel diese originelle Idee, Wein und Wellness zu kombinieren.
Ein besonderes Highlight ist auch die außergewöhnlich exquisite und große Spaabteilung mit seiner wunderschönen Frauensauna und einer Kinderabteilung.

Erwähnenswert

Der Yogaunterricht wurde als »Knochenbrecher« empfunden.

Therapeutisches Ayurveda

Liebes Rot-Flüh

Seestraße 26
A-6673 Grän-Haldensee
Telefon +43 (0)5675 6431
traumhotel@rotflueh.com
www.rotflueh.com

Hier kommen Menschen mit Sinn für Romantik voll auf ihre Kosten. Unverblümter Dornröschenkitsch, liebevoll und mit großem Aufwand hergerichtet. Das »Cinderella Castle« des Hauses zählt unter Spakennern zum Nonplusultra im Spa- und Wellnessbereich. Die Beautyanwendungen werden professionell und zur vollen Zufriedenheit der Gäste durchgeführt. Die Ayurvedaabteilung wird geleitet von Katrin Kaiser, einer Heilpraktikerin und Ayurvedatherapeutin.

Preiskategorie: Hoch

Lage * * * *

Das Hotel liegt in dem kleinen, malerischen Ort Haldensee vor der Bergkulisse des Tiroler Tannheimer Tals. Die zentrale Lage des Hauses ermöglicht unzählige Ausflüge in Österreich, nach Italien, in die Schweiz und nach Deutschland.

Ambiente * * * *

Das Hotel setzt schon in dritter Generation neue Maßstäbe in Sachen Luxus, Komfort und Verwöhn-Ambiente. Bereits Mitte des 17. Jahrhunderts wurde in dem damaligen Bauernhaus ein Raum als Gaststube genutzt. Inzwischen wurde das Wahrzeichen abgetragen und durch einen Neubau ersetzt, für den nur natürliche Bau- und Ausstattungsmaterialien verwendet wurden.

Zimmer * * * * * *

Besonders die neuen Luxussuiten mit 120 Quadratmetern und Dampfbad verleihen dem Spa-Urlaub eine ganz neue Dimension.

Küche * * * * *

Die Küche ist fein und abwechslungsreich, der Wein hervorragend. Das Frühstück ist köstlich mit Verwöhn-, Bio-, Vital- und Kinderbereichen. Auf die Gäste mit Vollpension wartet auch mittags eine vorwiegend leichte Küche einschließlich köstlicher Salate mit raffinierten Dressings. Für die Ayurvedagäste gibt es auf Wunsch ayurvedische Speisen.

Ayurveda * * * *

Geleitet wird die Ayurvedabteilung von Katrin Kaiser, einer Heilpraktikerin und Ayurvedatherapeutin. Sie führt die Behandlungen sehr einfühlsam durch; ihre Liebe zum Ayurveda ist offensichtlich. Allerdings gibt sie auch den Gästen einen Shirodhara, die einen wünschen, obwohl sie ihrerseits aus fachlichen Gründen davon abraten würde. Hier sollte nicht das Motto »Wir erfüllen dem Gast jeden Wunsch« an oberster Stelle stehen, sondern die fundierte Kenntnis von Frau Kaiser und ihre Verantwortung als Ayurve-

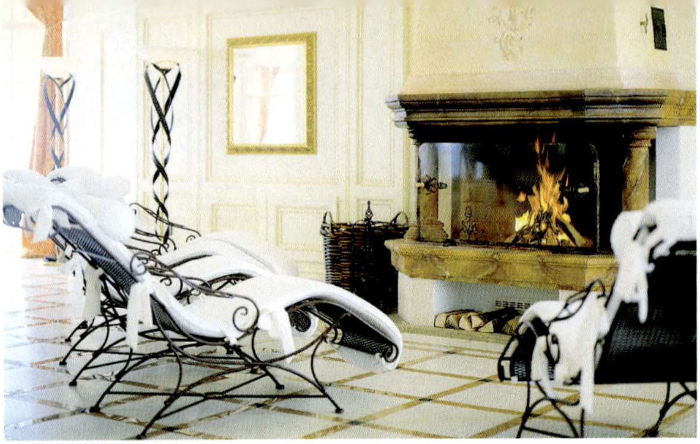

datherapeutin. Hervorzuheben sind die im indisch-ayurvedischen Stil eingerichteten Behandlungsräume; sie machen es einem leicht, sich ganz und gar auf die Behandlung einzulassen. Ganz neu gibt es eine große Ayurvedaabteilung.

Wellness- und Spabereich******
Der Wellness- und Spabereich sucht seinesgleichen. Hier gibt es eingebettet in ein traumhaftes Flair unter anderem verschiedene Saunen und Dampfbäder, eine Eisgrotte, eine Schneckendusche, eine Finnische Erlebnis-Sauna, eine Tiroler Schwitzstube, ein Blütenbad oder ein Tannenbad. Aber auch der Märchensee sowie die Warmwasserpools innen und außen, die das ganze Jahr und bei jeder Witterung auf 28 bis 36 Grad Celsius geheizt sind, locken viele erholungsbedürftige Gäste in dieses Traumhotel. Zu buchen sind darüber hinaus Beautybehandlungen, Bäderanwendungen, Massagen.

Freizeit*****
Das Freizeitangebot ist so umfassend, dass für jeden etwas dabei ist: etwa Skifahren und Langlaufen im Winter; zahlreiche Wandermöglichkeiten im Sommer sowie Golfsafaris zu den umliegenden Golfplätzen und Tennis in der Halle oder auf Freiplätzen.

Besonderes
Kunstinteressierte können »Creative Wellness« buchen, um in Kontakt mit Kunstschaffenden aus aller Welt zu kommen, die jeweils gerade im Haus zu Gast sind. So hat der Gast die seltene Möglichkeit, zusammen mit ihnen Kunst zu machen.

Ayurveda pur

Allvedya – Ayurveda Gesundheitszentrum

A-2133 Loosdorf 77
Telefon +43 (0)2524 48345
info@allvedya.com
www.allvedya.com

Der international anerkannte Ayurvedaspezialist Dr. Hans Rhyner offeriert zusammen mit seiner Frau Irene Ayurveda vom Feinsten. Das 1000 Quadratmeter große Haus wurde nach Vastu-Prinzipien liebevoll eingerichtet; es ist ein idealer Ort, um sich auf ayurvedische Art und Weise zu erholen. Die abgeschiedene Lage garantiert viel Ruhe, hat aber den Nachteil einer langen Anfahrt.

Preiskategorie: Hoch

Lage***
Das Haus befindet sich im Weinviertler Loosdorf nördlich von Wien in der Nähe der Tschechischen Republik. Da es sehr abgelegen liegt, ist es ein ideales Refugium.

Ambiente*****
Das Erdgeschoss birgt mit dem wunderschönen Kreuzgewölbe eine kleine Sensation. Das Gewölbe zieht sich durch das Klavierzimmer, den Speisesaal, den Eingangsbereich und den großen Yogavortragsraum mit 150 Quadratmetern. Einen besonderen Akzent setzt die kreative Farbgestaltung.

Zimmer****
Die Zimmer sind relativ klein, aber liebevoll gestaltet und eingerichtet. Jedem Zimmer wird ein besonderer Farbakzent zugesprochen. Im Zimmer »Kürbis« zum Beispiel dominiert der Hokkaido-Farbton.

Küche******
Verwöhnt werden die Gäste mit einer ayurvedischen Gourmetküche. Die Speisen regen alle Sinne an und liefern den Gästen die notwendige Energie für das Gelingen der Kur. Das Hauptaugenmerk gehört regionalen und europäischen Gerichten, die aus frischen Zutaten zubereitet werden. Das hat den Vorteil, dass der Gast genügend Inspirationen erhält, um die Rezepte zu Hause nachzukochen. Die Köche des Hauses sind auch gern bereit, das eine oder andere Rezept zu verraten. Darüber hinaus gibt es von Dr. Rhyner sehr empfehlenswerte Kochbücher zum Thema Ayurveda. Im »Allvedya« wird generell auf Fleisch verzichtet.

Ayurveda******
Geführt wird das Haus von dem Schweizer Dr. Hans Heinrich Rhyner, Naturarzt für Ayurveda, Doktor der Naturheilkunde. Er gilt als führender, international anerkannter Ayurvedaexperte in Europa. Er lebte über 20 Jahre in Indien und praktizierte dort in seiner eigenen Klinik in Bangalore. Unterstützt wird er von seiner Frau Irene und einem Team von kompetenten Ayurvedatherapeuten. Das Angebot umfasst Panchakarma-Kuren, Wellnesstage und Schnupperwochenende, Ayurveda-Ferientage, Immunisierungskuren und Ayurveda-Kurzkuren, ambulante Einzelbehandlungen sowie die

klassische »Verjüngungskur«, die Rasayana-Kutipraveshika-Kur, die 49 bis 63 Tage dauert. Es werden lediglich zehn bis zwölf Gäste gleichzeitig aufgenommen, damit eine optimale Versorgung und Begleitung der einzelnen Gäste gewährleistet ist. Bei den Kuren lässt Dr. Rhyner sein umfangreiches Ayurvedawissen in alle Bereiche mit einfließen. Aufgrund seines internationalen Rufs kommen viele Gäste aus ganz Europa. Für die Anwendungen, Speisen und Tees werden Produkte aus der eigens von Dr. Rhyner entwickelten Produktlinie verwendet. Diese stammen aus biologisch-ökologischem Anbau.

Freizeit***
Der 7000 Quadratmeter große Garten und die üppige, unberührte Natur laden zu Spaziergängen ein.

Besonderes
Auch wenn Dr. Rhyner kein Ayurvedaarzt im Sinne des Ayurveda pur ist (Ayurvedaarzt aus Asien), haben wir ihn in dieser Kategorie aufgenommen, weil er über einen langen Zeitraum in Indien gelebt und dort Ayurveda praktiziert hat.

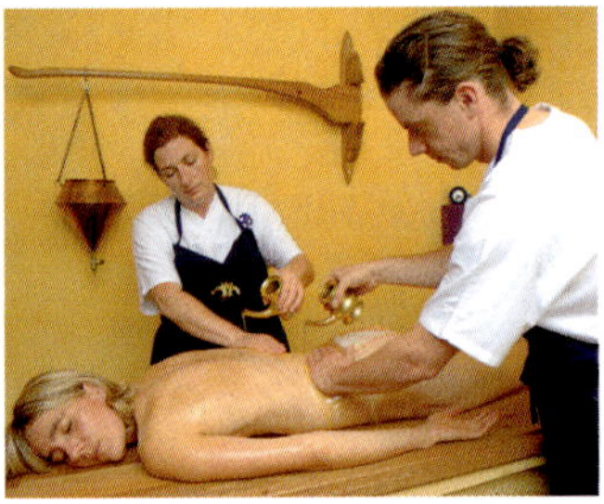

Ayurvedahäuser in der Schweiz

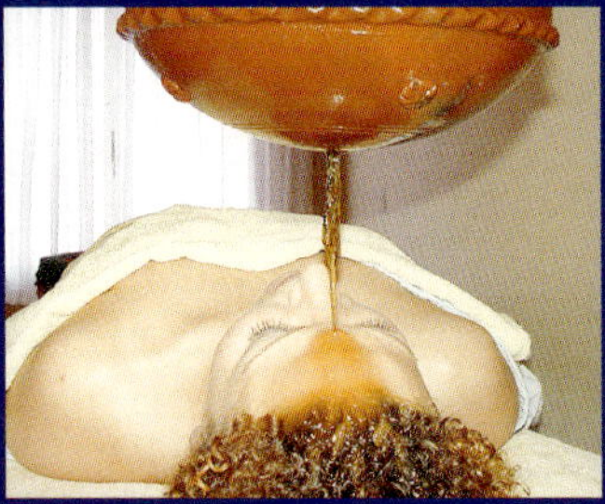

Wellness-Ayurveda

Lenkerhof Alpine Resort

CH-3775 Lenk im Simmental
Telefon +41 (0)33 7363636
welcome@lenkerhof.ch
www.lenkerhof.ch

Das Hotel ist eine Augenweide. Die Idee, mit verschiedenen Stimmungs- und Designwelten ein Wechselbad der Gefühle zu erzeugen, ist den Geschäftsführern Daniela und Philippe Frutiger bestens gelungen. Da im Lenkerhof Entspannung im Vordergrund steht, wird hier in erster Linie Ayurasan, das heißt Wellness-Ayurveda angeboten. Die Behandlungen werden von einer ausgebildeten Ayurvedatherapeutin professionell und sorgfältig durchgeführt.

Preiskategorie: Hoch

Lage * * * * * *
Das Hotel liegt in Lenk im Simmental, einem Wander- und Familienparadies im Berner Oberland. Diese Region ist mit den heimeligen Simmentaler Chalets und dem Wildstrubelmassiv im Hintergrund einer der schönsten Talabschlüsse der Alpen.

Ambiente * * * * * *
Der »Lenkerhof« bezeichnet sich zu Recht als das »jüngste und jugendlichste« Fünfsternehotel mit viel Charme, lockerem Ambiente und einer einzigartigen Spannung zwischen Moderne, Trend und Nostalgie.

Zimmer * * * * * *
Die Gestaltung der Zimmer entspricht dem Stil des Hauses. Gegeben ist ein erfrischender Wechsel zwischen Ruhe und Fröhlichkeit, erlesenem Geschmack und erfrischender Kunst.

Küche * * * * * *
Im À-la-carte-Restaurant »oh-de-vie« wird der Gast mit mediterranen Köstlichkeiten verwöhnt. Im gepflegten Hotelrestaurant Spettacolo gibt es eine äußerst kreative Küche mit täglich wechselnder Auswahl von internationalen Gerichten und regionalen Spezialitäten.

Ayurveda * * *
Hier gibt es lediglich das an Ayurveda angelehnte Ayurasan, das heißt Wellness-Ayurveda. Eine der Therapeutinnen hat eine Ausbildung am Mahindra-Institut in Deutschland absolviert. Vor der Behandlung füllt der Gast einen Fragebogen aus, den er anschließend mit der Therapeutin durchgeht. Darauf wird die Behandlung abgestimmt und professionell und sorgfältig durchgeführt. Die Behandlungsräume sind wie die übrigen Räume der »7 sources«, wie die Wellness-, Beauty- und Spaabteilung heißt, sehr geschmackvoll eingerichtet. Sie wurden von uns während der Behandlung allerdings als leicht kühl empfunden. Das kann aber auch mit dem abrupten Temperatursturz zusammengehangen haben, der während unseres Besuches herrschte.

Wellness- und Spabereich * * * * * *
Der Spabereich verschlägt einem förmlich die Sprache und

lässt einen schwelgen in einmalig schöner, ausdrucksstarker und ästhetischer Atmosphäre. Im Außenschwefelbad mit kristallklarem, geruchsfreiem Schwefelwasser kann man die faszinierende Bergwelt genießen. Das Schwefelwasser stammt aus einer der stärksten alpinen Schwefelquellen an der Lenk. Dieses Schwefelwasser hat von jeher rheumageplagten Menschen Linderung gebracht, von Leiden der oberen Atemwege befreit und sich auch bei der Stoffwechselaktivierung ausgezeichnet. Eine Schwefelgrotte, eine Biosauna mit Aroma- und Lichttherapie, eine Kräutersauna, ein Dampfbad, eine Finnische Sauna, ein Iglu, ein Damendampfbad, eine Damensauna und vieles mehr erwartet den Gast. Und natürlich alles nur vom Feinsten und vom Schönsten. Die ganze Anlage ist ein einziges Fest für die Sinne. Das Beautyangebot ist ebenfalls erlesen. Gearbeitet wird mit Produkten von Ligne St. Barth, Aveda und Thal'ion. Die Behandlungen reichen von Sportmassagen bis zu Entspannungsmassagen aus der Karibik, Entgiftungsmassagen und Lomi-Lomi-Massagen.

Freizeit * * * * *
Die Lenk liegt auf 1100 Metern über dem Meer und bietet sowohl Erwachsenen als auch Kindern in jedem Alter zahlreiche Freizeitmöglichkeiten. Austoben kann man sich beispielsweise auf 180 Kilometer markierten Wanderwegen, auf 160 Kilometer Pisten, auf 42 Kilometer Loipen, auf 70 Kilometer markierten Bikewegen.

Besonderes
Bemerkenswert ist der Besitzer des Hauses, Jürg Opprecht, der Daniela und Philippe Frutiger, die bei unserem Besuch Geschäftsführer des »Lenkerhofs« waren, bei der Umsetzung ihrer Idee unterstützt. Opprecht setzt sich aber auch andernorts für Menschen ein, die gute, innovative Ideen realisieren wollen.

Therapeutisches Ayurveda

Le Cocon

Rue de la Combe-Grède 33
CH-2613 Villeret
Telefon +41 (0)32 9416163
mail@lecocon.ch
www.lecocon.ch

Warum nach Indien reisen, wenn es auch in der Schweiz gutes Ayurveda zu angemessenen Preisen gibt? Ein Beweis dafür ist die kleine Ayurvedapension »Le Cocon« am Dorfrand von Villeret im Berner Jura. Hier bietet Johanna Wäfler, Naturärztin NVS, solides Ayurveda an. Neben guten Ayurvedamassagen wird der ayurvedischen Ernährung viel Platz eingeräumt. Das Haus wurde nach baubiologischen Prinzipien renoviert; es eignet sich für Menschen, die nicht unbedingt ein

Fünfsternehotel brauchen, um zu sich zu finden.

Preiskategorie: Niedrig

Lage * * * *
Die Pension liegt idyllisch am Dorfrand von Villeret im Berner

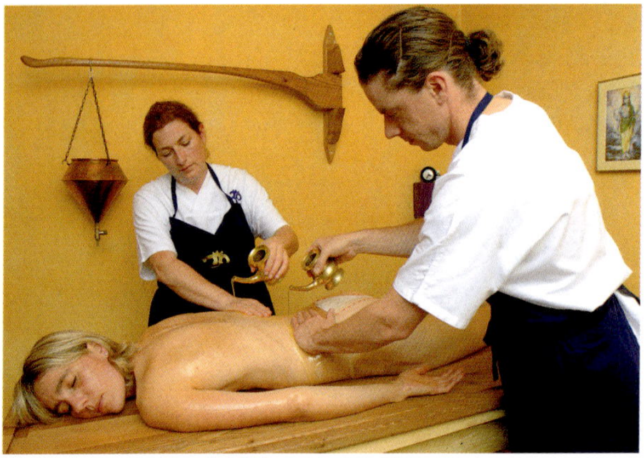

Jura, umgeben von einem großen Gartengelände, von Wiesen und Bächen. Das Anwesen der Pension grenzt an ein wunderschönes Naturschutzgebiet.

Ambiente *****

In dem baubiologisch renovierten, gepflegten, traditionellen Jura-Bauernhaus herrscht eine familiäre Atmosphäre.

Zimmer ****

Die Zimmer sind gemütlich eingerichtet. Hier kann sich der Gast rundum wohl fühlen und die Seele so richtig baumeln lassen. Sämtliche Zimmer sind mit »Hüsler«- oder »Fanello«-Betten ausgestattet, um neben den wohltuenden ayurvedischen Behandlungen auch einen gesunden und erholsamen Schlaf zu gewährleisten.

Küche ******

Die ayurvedischen Speisen werden im »Le Cocon« mit großer Liebe und entsprechender Sorgfalt zubereitet. Dadurch wird das Essen zu einem Fest für die Sinne. Verwendet werden fast ausschließlich Demeter-Nahrungsmittel aus regionalem, biologischem Anbau. Kräuter und Beeren aus dem eigenen Garten runden mit ihren feinen Aromen die Gerichte ab. Mit seiner gesundheitsfördernden Küche ist es Markus Dürst schon oft gelungen, Menschen, die unter Nahrungsmittelunverträglichkeiten leiden, die Freude am Essen zurückzugeben. Er lässt sich gern bei der Zubereitung der Köstlichkeiten über die Schulter schauen und verrät das eine oder andere Geheimnis seiner Kochkunst.

Ayurveda ******

Johanna Wäfler, Naturärztin NVS, leitet die Ayurvedaabteilung. Auf der Suche nach einem ganzheitlichen Verständnis von Körper, Geist und Seele ist sie über verschiedene Gesundheitssysteme zum Ayurveda gekommen. Als ausgebildete Ayurvedatherapeutin gewährleistet sie fachlich fundierte Behandlungen. In letzter Zeit hört man den Namen »Le Cocon« immer häufiger im Zusammenhang mit erstklassigem Ayurveda in der Schweiz.

Die Behandlungsräume sind genau auf die Bedürfnisse des Hauses und seiner Gäste zugeschnitten. Es herrscht eine authentische Ayurvedaatmo-

sphäre, die zum Loslassen einlädt. Durch Dampfbad und Kräuterbadewanne können die Gäste in den Genuss eines vollständigen Programms kommen. Zu den Ayurvedaangeboten zählen unter anderem Ayurveda zum Kennenlernen (3 Übernachtungen), Ayurveda-Wohlfühlwoche (6 Übernachtungen), Ayurvedakur Ojaskar (6 Übernachtungen), Ayurveda-Rasayanakur (2- bis 3-wöchige Verjüngungskur), Garshan-Entschlackungskur (6 Übernachtungen). Viele Stammgäste kommen immer wieder, um eine der mehrwöchigen Kuren zu machen.

Wellness- und Spabereich **
Sprudelbad und Biosauna.

Freizeit ****
Die Umgebung lädt zu traumhaften Spaziergängen und erholsamen Wanderungen ein.

Besonderes
In dem Haus herrscht ein hohes Maß an Ruhe und Stille. Es besteht die Möglichkeit, an einer morgendlichen Meditation im Wald teilzunehmen.

Hotel Fidazerhof

CH-7019 Flims-Fidaz
Telefon +41 (0)81 9209010
info@fidazerhof.ch
www.fidazerhof.ch

Hier findet man ein helles, freundlich eingerichtetes Hotel.

Roland Häfliger versteht sein Handwerk und verwöhnt die Gaumen der Gäste mit frischer, saisonaler und regionaler Küche. Antonia Schärli behandelt ihre Gäste mit unterschiedlichen Methoden, unter anderem mit Ayurveda. Der Ayurvedatherapeut wird multifunktional eingesetzt: Er serviert auch das Frühstück und hilft an der Rezeption aus.

Preiskategorie: Mittel

Lage *****
Das Haus liegt auf der Sonnenterrasse der Alpenarena Flims-Laax-Falera.

Ambiente ****
Das Hotel ist überschaubar und hell. In der rustikalen Gaststube speisen nicht nur die Gäste des Hauses, sondern auch Ausflugsgäste. Im Lesezimmer können sich die Gäste gut aufhalten und ayurvedische Tees genießen.

Zimmer *****
Die Zimmer wurden nach den neusten Erkenntnissen der Baubiologie renoviert. Die Einrichtung ist eine harmonische Mischung aus modernem Design und alten rustikalen Möbeln.

Küche ******
Roland Häfliger pflegt eine frische saisonale Küche mit heimischen Produkten. Die Speisen werden möglichst frisch und schonend zubereitet. Neben fleischhaltigen und vegetarischen Gerichten wird auch eine feine ayurvedische Küche geboten.

Ayurvedabehandlungen **
Die Ayurvedaabteilung wird von Antonia Schärli geleitet, die sich als Ayurvedaärztin bezeichnet. Ihre Ausbildung umfasst unter anderem Bausteine von »Maharishi« und von »Seva«, außerdem hat sie einige Semester Medizin studiert. Ihre Therapeuten bildet sie selbst aus. Angeboten wer-

den zum Beispiel Einzel-Abhyanga, Tiefen-Abhyanga, Synchron-Abhyanga, Shiromardana, Mukabhyanga, Shirodhara, Garshan, Kräuter-Inhalation, ayurvedisches Kräuter-Dampfbad, Ayurveda-Wohlfühlwoche.

Wellness- und Spabereich ***

Im Gartengeschoss befindet sich die Prana-Wohlfühloase, in der neben den verschiedenen Ayurvedabehandlungen beispielsweise auch Thalasso-Behandlungen, traditionelle Massagen, HydroStar Dauerbrause, Kosmetikbehandlungen und Maniküre durchgeführt werden.

Freizeit ******

Die Gegend um den Fidazerhof ist ein wahres Paradies für alle Wander- und Skifreunde.

Erwähnenswert

Der im Haus angestellte Ayurvedatherapeut wird multifunktional eingesetzt: Er serviert das Frühstück und springt an der Rezeption ein.

Ayurveda pur

Seehotel Bären

Hauptstrasse 72
CH-3855 Brienz
Telefon +41 (0)33 9512412
info@seehotel-baeren-brienz.ch
www.seehotel-baeren-brienz.ch

Am Brienzer See befindet sich eine kleine Ayurvedaoase besonderer Art. Das Haus ist ein Kraftort, sodass man sich hier innerhalb kürzester Zeit sehr gut erholt. Der Blick von den Zimmern und vom Restaurant auf den Brienzer See unterstützt diese Wirkung genauso wie die fundierten Ayurvedabehandlungen.

Preiskategorie: Mittel

Lage ******

Das Hotel liegt in dem kleinen Ferienort Brienz unmittelbar am Brienzersee. Allein der Blick aus den Zimmern auf den See und die dahinter aufragenden Berge hat eine beruhigende Wirkung.

Ambiente ****

Obwohl das Haus längst nicht so modern eingerichtet ist wie viele der anderen Ayurvedaoasen, die wir besuchten, herrscht hier ein behagliches Flair. Alles ist sehr liebevoll gestaltet, und die Mitarbeiter des Hauses sind sehr aufmerksam, sodass man sich hier sehr wohl fühlt.

Zimmer ****

Die Zimmer sind mit allem ausgestattet, was man benötigt, um sich wohl zu fühlen. Auf Fernseher wurde bewusst verzichtet, um den Entspannungseffekt zu erhöhen.

Küche ***

Geleitet wird die Küche von Mr. Vijukumar Gandharan, einem indischen Küchenchef aus Kerala. Er kocht ayurvedische und indische Speisen. Die Gerichte sind mitunter etwas ölig, und es wird nicht alles frisch zubereitet. Das Frühstücksbüfett ist sowohl für Ayurvedagäste als auch für Urlaubsgäste. Als Ayurvedagast bekommt man auf Wunsch ein Porridge; dabei handelt es sich unseres Erachtens allerdings um mit Milch angereichertes Müsli.

Ayurveda *****

Angeboten werden unter anderem Einzelbehandlungen wie Ayurvedamassage, Marma-Massage, Powder-Massage, Nijavarakizhi oder Podi Kizhi, Shiro Dhara, Pizzichil. Man kann aber auch mehrtägige Ayurvedapakete buchen, bei denen der Stressabbau und die Regeneration im Vordergrund stehen. Darüber hinaus ist auch eine original Panchakarma-Kur buchbar,

die unter der Anteilung des indischen Ayurvedaarztes Baiju Macherikkadu Sivasankarn durchgeführt wird, der für mehrere Monate im Jahr hier in Brienz ist. Dr. Baiju Sivasankarn leitete während der letzten 14 Jahre in Kerala eine Praxis; er ist auch als Lehrer an der öffentlichen Ayurvedaschule in Trivandrum tätig und seit über zehn Jahren Mitglied der Indischen Ayurveda Vereinigung. Schnell ist zu spüren, dass er ein sehr profundes Wissen hat und dieses entsprechend bei den Gästen individuell umsetzt. Seine Massagen sowie die des ebenfalls aus Kerala stammenden Ayurvedatherapeuten Bijukumar Gopinathan sind ebenfalls erstklassig. Der einzige Wermutstropfen ist, dass der Arzt sowie der Ayurvedatherapeut am Ende eines langen Arbeitstages mit zahlreichen Massagen etwas erschöpft wirken und uns die Behandlung an Kraft zu verlieren schien.

Freizeit******

In diesem wunderschönen Wanderparadies kann man während der Kur immer wieder die einmalige Bergwelt genießen.

Besonderes

Wir erlebten das Haus als einen Kraftort besonderer Art. Hier braucht es nicht viel, um zu sich selbst zu finden und aufzutanken.

Erwähnenswert

Der indische Koch und eine der Angestellten des Hauses wurden bei der Kizhi-Behandlung als »dritte Therapeuten« eingesetzt, um dem Arzt oder dem Therapeuten die in Öl getauchten Säckchen zu reichen. Diese Multifunktionalität erschien uns unglücklich, zumal es uns unangenehm war, vor dem Koch und der Angestellten des Hauses unbekleidet dazuliegen.

Ayurvedahäuser in Italien, Spanien, Malta

Spa & Sport Resort Adler

Reziastraße 7
I-39046 St. Ulrich
Telefon +39 0471 775000
info@hotel-adler.com
www.hotel-adler.com

Der »Adler« zählt zweifellos zu den Wellnessoasen, die besondere Aufmerksamkeit verdienen. Ein besonderes Highlight ist die Vitalwelt »Dolasilla«, die dafür gesorgt hat, dass das Haus in den letzten Jahren immer wieder als erstklassig bewertet wurde. Die Ayurvedatherapeuten sind professionell und erstklassig ausgebildet.

Preiskategorie: Hoch

Lage * * * * *
Das Haus liegt mitten in den Dolomiten, in dem kleinen Ort St. Ulrich, ganz in der Nähe der Bergbahn Seiser Alm, eingebettet in den 9000 Quadratmeter großen Hotelpark.

Ambiente * * * * * *
Eine Mischung aus modern und rustikal, traditionell und innovativ prägt das Hotel. Diese Spannung ist erfrischend und lädt zum Wohlfühlen ein. Die Atmosphäre ist italienisch-lebendig.

Zimmer * * * * *
Die Zimmer und Suiten sind geräumig und mit modernem Komfort ausgestattet. Das nach baubiologischen Grundsätzen errichtete Schlössl ist durch einen Gang mit dem Hotel verbunden. Hier erwarten den Gast Zimmer mit Naturholzmöbeln.

Küche * * * * *
Alles ist vom Feinsten. Willi Larese und sein kreatives Kochteam verführen die Gäste täglich aufs Neue mit Südtiroler Spezialitäten, leichter mediterraner Küche und Köstlichkeiten aus der ganzen Welt. Dazu gibt es feinste Weine aus dem Weinkeller des Hauses.

Ayurveda * * * * *
Das Angebot ist umfassend: unter anderem Abhyanga, Shirodhara, Garshan, Udvarthana. Die Ayurvedaabteilung wird von Annemarie Sanonar geleitet, die ihre Ayurvedakenntnisse durch einen einjährigen Aufenthalt in Indien und weitere zusätzliche Ausbildungen im Mahindra-Institut erhalten hat. Ihren Massagen verleiht sie aus einer Synthese aus Fachkompetenz und Intuition eine ganz persönliche Handschrift. Die Behandlungsräume befinden sich in der Vitalwelt Dolasilla; sie laden durch Ruhe und authentisches Ayurvedaflair zur vollkommenen Entspannung ein.

Wellness- und Spabereich * * * * *
Die Vitalwelt – Spa & Beauty »Dolasilla« wurde im letzten Jahr zu Recht immer wieder als »Der Tipp« von Zeitschriften und Magazinen angeführt, die erstklassige Wellnesshotels vorgestellt haben. Hier findet der Gast Entspannung und Regeneration auf höchstem Niveau. Hier kann man sich mit unterschiedlichen Anwendungen verwöhnen lassen: beispielsweise mit Antistress-Massage, Aromatic-Wohlfühl-Körperbehandlungen, Salzpeeling-Packungen. Die Sauna-Welt imponiert unter anderem mit dem Tiroler Bade-

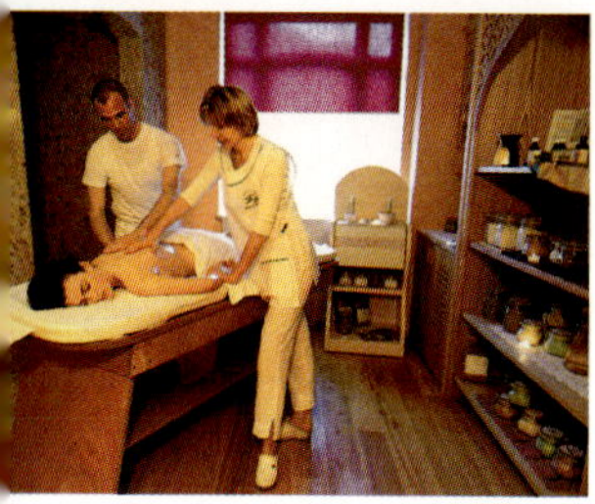

haus und dem Kraxenofen. Das Rasul-Bad versetzt den Gast in Windeseile in den Vorderen Orient; der Whirl-Badesee mit Wasserfall bietet eine originelle Erfrischung zwischen den Saunagängen. Auch der Ruheraum, teilweise mit Blick in den wunderschönen großen Garten, ist ein Erlebnis besonderer Art. Neben jedem Wasserbett befindet sich ein Kristall mit besonderer Wirkung. Leider ist der Wellness- und Spabereich mitunter etwas überfüllt.

Freizeit * * * * * *
Die Grödner Berge mit der Seiser Alm bieten den Gästen ein abwechslungsreiches Freizeitprogramm rund ums Jahr: Wandern, Skifahren, Radeln. Das Hotel organisiert unterschiedliche Aktivitäten wie Gleitschirmfliegen, Rafting, Mountainbiking.

Besonderes
Beeindruckend ist, dass das Haus in jahrhundertelanger Familientradition geführt wird. Auch heute noch arbeitet die Familie gemeinsam im Hotel.

Hotel Castel

Keschtngasse 18
I-39019 Dorf Tirol bei Meran
Telefon +39 0473 923693
info@hotel-castel.com
www.hotel-castel.com

Wegen seiner Lage zählt das »Castel« sicherlich zu den ersten Adressen Südtirols. Die gediegene Eleganz und Etikette dieses Hotels muss man allerdings mögen. Es ist eine Perle für alle Gourmet- und Weinfreunde. Wie alles in diesem Haus sind auch die ayurvedischen Behandlungen auf einem hohen Niveau. Um Ayurveda gerecht zu bleiben, macht die ausgebildete Therapeutin durchschnittlich nicht mehr als zwei bis drei Massagen pro Tag.

Preiskategorie: Hoch

Lage * * * * * *
Die Hotelanlage schmiegt sich hoch über Meran an einen von Weinreben überzogenen Südhang. Sanft eingebettet und absolut ruhig gelegen, eröffnet sich vom »Castel« aus ein traumhafter Blick auf das Meraner Land und das Naturschutzgebiet des Texelgebirges.
Ein einziger Traum!

Ambiente * * * *
Das Ambiente entspricht dem eines erstklassigen Hotels. Es herrscht gediegene Eleganz und Etikette.

Zimmer * * * *
In den Zimmern und Suiten findet sich eine Großzügigkeit, die mit viel Liebe zum Detail veredelt wurde.

Küche * * * * * *
Im Gourmetrestaurant werden Genuss und Frische groß geschrieben. Mit besonderer Sorgfalt werden die Aromen abgestimmt. Chefkoch Gerhard Wieser bezaubert die Gäste mit kulinarischen Raffinessen aus der klassischen, regionalen, mediterranen und italienischen Küche. Einfach göttlich und unbeschreiblich gut!

Ayurveda * * * * *
Zu den Anwendungen zählen unter anderem Prakriti, Abhyanga, Shiroabhyanga. Die ayurvedischen Behandlungen werden von einer Ayurvedatherapeutin durchgeführt, die über eine abgeschlossene Ausbildung als Ayurvedatherapeutin bei »Seva« verfügt sowie Weiterbildungen

bei Dr. Sherif und Dr. Vasant Lad absolviert hat und zurzeit eine Ausbildung in ayurvedischer Medizin macht. Die Qualität der Behandlungsräume entspricht dem übrigen Haus: edel und fein.

Wellness- und Spabereich *****
Obwohl der Wellness- und Spabereich in höchstem Maß in sich stimmig ist, hat man das Gefühl, dass sich hier eher ältere

Menschen angesprochen fühlen. Das Angebot ist umfassend; bei der Kosmetik setzt man auf die Kraft der natürlichen Wirkstoffe und seit 2004 auf die renommierte Kosmetikmarke Biodraga.

Freizeit ****
Man muss lange hier verweilen, um das Angebot an Wanderungen auch nur halbwegs auszuschöpfen. Besonders schön sind die Wanderwege vom Hotel nach Meran.

Besonderes
Die außergewöhnliche Küchenleistung, der ausgezeichnete Service und das hochklassige Ambiente lassen an lauen Sommerabenden viele Gourmets und Weinkenner ihren Weg ins »Castel« finden.

Hotel Gardena/Grödnerhof

I-39046 St. Ulrich
Telefon +39 0471 796315
info@gardena.it
www.gardena.it

Als Wellnessoase ist das Haus in Südtirol eine Empfehlung schlechthin. Was gutes Ayurveda betrifft, so steckt der »Grödnerhof« jedoch noch in den Kinderschuhen.

Preiskategorie: Hoch

Lage *****
Das Hotel liegt in bevorzugter, zentraler und sehr ruhiger Lage, umgeben von einer 2000 Quadratmeter großen Gartenanlage in St. Ulrich in den Dolomiten, in unmittelbarer Nähe zur Seiser-Alm-Bergbahn.

Ambiente ****
Die Atmosphäre ist ungezwungen, und man findet ein geschmackvolles, gediegenes Ambiente vor. Viel Holz und die einladende Dekoration schaffen eine große Behaglichkeit.

Zimmer ****
Die Zimmer laden zum Verweilen ein. Die Wahl der Materialien ist geschmackvoll, die Harmonie der Farben erlesen, die Dimensionen großzügig.

Küche *****
Feine Speisen – Südtiroler Spezialitäten, vegetarische Menüs und eine internationale Küche – werden gekonnt aus erlesenen Zutaten zubereitet.

Ayurveda *
Ayurvedamassagen werden hier erst seit kurzem als Teil eines umfangreichen Beautyangebots durchgeführt. Es schien, als fehlte es dem ausgebildeten Ayurvedatherapeuten bei den Behandlungen noch an Erfahrung, Sicherheit und fachmännischer Präsenz.

Wellness- und Spabereich *****
Die Beautyfarm bietet unter anderem Kurzprogramme, mehrtägige Arrangements, Beauty-Vitalwochen. Die Wellness- und Vitalwelt umfasst ein Hallenbad, eine Finnische Sauna,

eine Biostubensauna, ein Dampfbad.

Freizeit******
Im Winter und im Sommer gibt es hier ein umfassendes Freizeitangebot – etwa Skifahren, Wandern, Golfen, Mountainbiken.

Hotel Terme Metropole

Via V. Flacco 99
I-35031 Abano Terme
Telefon +39 049 8619100
metropole@gbhotels.it
www.gbhotels.it

Bekannt geworden ist Abano als Kurort. Das hat dazu geführt, dass sich ein Kurhotel an das andere reiht. Ayurveda weist hier leider nicht die Qualität auf, die man sich wünscht. Das Hotel möchte aber in Zukunft zu den führenden Adressen in puncto Ayurveda gehören.

Preiskategorie: Hoch

Lage**
Am Fuß der Euganeischen Hügel, nur 50 Kilometer von Venedig entfernt, in unmittelbarer Nähe von Verona, liegt das Hotel im Zentrum der Stadt Abano.

Ambiente****
Exklusiv und großzügig. Abends lassen sich romantische Stunden bei Kerzenlicht und einem Cocktail an der Bar oder im Freien am Schwimmbad verbringen.

Zimmer****
Die Zimmer verschiedener Kategorien sind geschmackvoll und mit jedem Komfort eingerichtet. Der Blick geht in den Garten oder auf die Schwimmbäder.

Küche***
Die mediterranen und internationalen Gerichte sind qualitativ gut, teilweise aber etwas zu fett und zu reichhaltig.

Ayurveda**
Vor den Behandlungen führt der zertifizierte Ayurvedaarzt eine gründliche Untersuchung durch. Die Anwendungen selbst werden von Physiotherapeuten vorgenommen, die aber keine abgeschlossene Ausbildung zu Ayurvedatherapeuten haben. Anzumerken ist, dass sie nicht wirklich in Kontakt mit uns gingen; auch ist sprachbedingt die Verständigung mit ihnen schwierig.

Wellness- und Spabereich****
Ein Bereich des Hotels ist eigens für die traditionellen Fango- und Bäderbehandlungen hergerichtet. Außerdem gibt es fünf Außenbecken, vier Thermalbecken und ein Süßwasserschwimmbad.

Freizeit**
Man kann sich die Zeit mit Boccia, Minigolf, Radfahren oder Tennis vertreiben.

Erwähnenswert
Der Therapeut spricht kein Englisch, was als sehr nachteilig empfunden wurde, da es unmöglich war, eigene Bedürfnisse zu vermitteln.

Grand Hotel Terme Trieste & Victoria

Via Pietro d'Abano 1
I-35031 Abano Terme
Telefon +39 049 8665100
trieste@gbhotels.it
www.gbhotels.it

Das Grand Hotel Metropol möchte man mit Hilfe eines zertifizierten Ayurvedaarztes die Wissenschaft vom langen Leben etablieren, wobei in erster Linie Ayurvedabehandlungen zum Wohlfühlen angeboten werden.

Preiskategorie: Hoch

Lage * *
Am Fuß der Euganeischen Hügel, nur 50 Kilometer von Venedig entfernt, in unmittelbarer Nähe von Verona, liegt das Hotel mitten in der Fußgängerzone von Abano Terme.

Ambiente * * * *
Das Haus bietet Eleganz sowohl in der Architektur als auch in der ausgesuchten Dekoration.

Zimmer * * * *
Die Zimmer verschiedener Kategorien sind groß und mit jedem Komfort eingerichtet.

Küche * * *
Geboten wird eine typisch mediterrane Küche.

Ayurveda * *
Ein zertifizierter Ayurvedaarzt indischer Abstammung vom Hotel Metropol übernimmt die Untersuchungen und Konsultationen. Durchgeführt werden die Behandlungen von Physiotherapeuten, die keine abgeschlossene Ausbildung zum Ayurvedatherapeuten haben. Die Verständigung mit den italienischen Physiotherapeuten erwies sich als schwierig; eine Abschlusskonsultation fand nicht statt. Allerdings möchte das Haus auch lediglich Ayurvedabehandlungen zum Wohlfühlen anbieten.

Wellness- und Spabereich * * * *
Im wunderschönen Garten gibt es ein Thermalschwimmbecken und ein 50-Meter-Süßwasserbecken. Das Beauty Center bietet umfangreiches Angebot an Schönheitsbehandlungen wie verschiedene Massagen, Hot-Stone-Therapie, Gesichtsbehandlungen, Reiki u.a.

Freizeit * * *
Unter anderem lassen sich Ausflüge zur Entdeckung der Kulturschätze der Region unternehmen.

Hotel Stocker

Wiesenhofstraße 41
I-39032 Sand in Taufers
Telefon +39 0474 678113
info@hotelstocker.com
www.hotelstocker.com

Vom Wintergarten des kleinen Hotels in der Nähe von Brixen präsentiert sich ein beeindruckender Blick auf die nahe Bergwelt. Kein Wunder, dass hier Omnibusse einen Stopp machen, um den Reisenden diesen Blick zu gewähren. Ayurveda ist ein Teil des dortigen Wellnessangebots.

Preiskategorie: Niedrig

Lage***
Etwa eine Autostunde von der Autobahnausfahrt Brixen entfernt liegt unmittelbar bei dem kleinen, hübschen Ort Sand in Taufers das Hotel Stocker mit Blick in die Berge und auf die alte Ritterburg Taufers. Es liegt an einer Durchgangsstraße, und es ist daher erst ab 22 Uhr ruhig, wenn diese Ortsdurchfahrt gesperrt ist.

Ambiente***
Hervorzuheben ist der gemütliche, große und helle Wintergarten im Landhausstil, von dem aus man einen schönen Blick

auf die nahe Bergwelt genießen kann. Das Haus ist sehr gepflegt und ansprechend gestaltet. Im Eingangs- und Rezeptionsbereich findet man viel Literatur zum Thema Gesundheit. Die Atmosphäre im Hotel ist freundlich und ungezwungen.

Zimmer***
So wie im ganzen Haus wird auch bei den Zimmern Wert auf Individualität gelegt. Die verschiedenen Zimmerkategorien tragen blumige Namen wie Veilchen oder Alpenrose. Die Ausstattung der Zimmer ist großzügig und komfortabel, teilweise werden auch mit kräftigen Farben Akzente gesetzt.

Küche***
Neben den Ayurvedagästen werden hier zum Teil Bustouristen in großer Zahl verpflegt, was sich beim Abendmenü in Auswahl und Qualität niederschlagen kann. Es gibt keine ayurvedischen Speisen, wohl aber auf Wunsch diätetische Zubereitungen.

Ayurveda***
Die Chefin des Hauses, Anneliese Stocker, ist ausgebildete Ayurvedatherapeutin. Sie hat ihren drei Masseurinnen ayurvedische Massagen beigebracht. Frau Stocker entscheidet, ob eine Ayurveda-Wellness-Massage gegeben werden soll oder bei einem längeren Aufenthalt eine Behandlungsserie erwogen wird. Frau Stocker legt im Gespräch mit dem Gast die Art und Häufigkeit der Anwendungen fest und auch welche Öle verwendet werden. In kleinerem Umfang berät sie den Gast

auch in Gesundheits- und Ernährungsfragen.
Die Ayurvedamassagen selbst sind fundiert, ihr Ablauf wurde vorher erklärt. Es gibt ein sehr angenehmes »Wärmebett«, auf dem man nach der Massage nachruhen kann.

Wellness- und Spabereich***
Das Hallenbad und die Sauna sind großzügig gestaltet; hier kann man wohltuend entspannend. Nicht so großzügig angelegt sind die Räumlichkeiten für die Wellness- und Beautyanwendungen, die sich im Untergeschoss befinden. Obwohl sie eng wirken, herrscht eine entspannte Atmosphäre.

Freizeit****
In unmittelbarer Nähe des Hauses sind sehr schöne Wanderungen möglich, zum Beispiel ein Franziskus-Besinnungsweg mit drei wunderbaren Wasserfällen.

Therapeutisches Ayurveda

Hotel Mirabell

Hans-von-Perthaler-Straße 11
I-39030 Olang
Telefon +39 0474 496191
hotel@mirabell.it
www.mirabell.it

Das »Mirabell« setzt Maßstäbe in geschmackvoller Einrichtung und stilvoller Südtiroler Noblesse. Der Ayurvedatherapeut Alexander Kirchler, der zusammen mit seiner Frau Gabriele den Ayurvedapavillon im »Mirabell« leitet, versteht sein Handwerk und verbindet fachlich fundiert und kompetent die alte östliche Lehre vom langen Leben mit den Bedürfnissen der Menschen in der heutigen Zeit .

Preiskategorie: Mittel

Lage****

Das Hotel liegt auf 1000 Metern Meereshöhe in Olang, dem östlichen Tor zu den Dolomiten. Das Dorf Olang liegt eingebettet in Wiesen und Feldern.

Ambiente******

Das Haus ist mit viel Holz im Tiroler Stil eingerichtet. Dabei macht sich die Liebe zum ästhetischen Detail vom Interieur bis zur Gesamtgestaltung bemerkbar. Die Mitarbeiter sind freundlich und zuvorkommend. Man fühlt sich wie zu Hause.

Zimmer*****

Die Zimmer sind geschmackvoll im Südtiroler Stil mit viel Holz ausgestattet, einige nostalgisch, andere modern. Gemütliche Sitzecken laden dazu ein, im Zimmer zu verweilen. Von einigen Suiten hat man einen traumhaften Blick in den »Mirabell«-Garten und über die Olanger Dolomiten.

Küche*****

Angeführt wird das Küchenteam von Albin Widmann, einem der besten Köche Südtirols. Er verwöhnt die Gäste mit leichten mediterranen Köstlichkeiten und mit vegetarischen Schlemmereien. Ayurvedakurgäste werden mit feinen, ayurvedischen Gerichten verköstigt.

Ayurveda******

Alexander Kirchler nimmt neben einer Puls- und Zungendiagnose auch eine Irisdiagnose vor. Zudem bringt er seine langjährigen Erfahrungen als Heilpraktiker in seine Arbeit ein. So verbindet er fachlich fundiert und kompetent die alte östliche Lehre vom langen Leben mit den Bedürfnissen, die Menschen in der heutigen Zeit ha-

ben. Dadurch gelingt es ihm, den Gästen mit ihren individuellen Bedürfnissen Rechnung zu tragen und sie entsprechend zu behandeln.

Wellness- und Spabereich*****

In der Aurorawelt fühlt man sich leicht wie ein Schmetterling. So findet man in der Welt der Bachauen, dem gesamten Nassbereich im »Mirabell«, ein traumhaftes Areal mit Whirlpool und verschiedenen Saunen. Geboten werden zum Beispiel zwei Calidarien mit verschiedenen Essenzen, eine Frauensauna (Biosauna) und die Schwitzstube (Finnische Sauna). Die Angebote im Hotel Mirabell reichen von verschiedenen Bädern, über Massagen bis zu mehrtägigen Wellnesspaketen.

Freizeit*****

Die Palette ist durch die unmittelbare Nähe zu den Dolomiten einzigartig: Skifahren, Skiwanderungen im Winter, Wandern, Golfen oder Schwimmen im Sommer.

Besonderes

Von Mitte April bis Mitte Juli fliegt der Aurorafalter, deshalb nennt man diese Zeit im »Mirabell« die »Aurorazeit«. Sie stellt die Brücke dar zwischen dem Sonnenskilauf am Ende des Winters und den Vitalwanderungen im Hochsommer. Diese Zeit, in der man die vielen bunten Schmetterlinge sehen kann, gilt als die schönste im »Mirabell«.

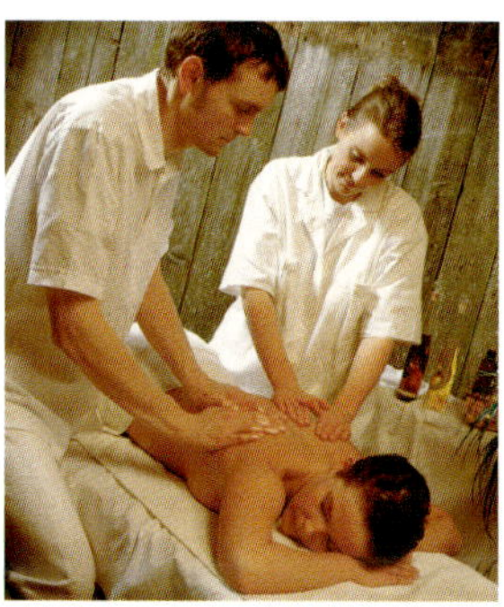

Landhotel Sa Bassa Rotja

Finca Son Orell
Cami Sa Pedrera s/n
E-07260 Porreres
Mallorca
Telefon +34 (0)971 168225
sabassa@baleares.com
www.sabassarotja.com

Wer Ruhe und Einsamkeit sucht, ist in dem alten mallorquinischen Landhaus gut aufgehoben. Bei den professionellen Anwendungen von Angela Jung kann man hervorragend entspannen und regenerieren.

Preiskategorie: Mittel

Lage***

Das Landhotel liegt in der Nähe des kleinen Ortes Porreres, 30 Minuten vom Flughafen und 18 Kilometer von den Traumstränden Es Trenc, Ses Covetes und Es Carbo entfernt. Da das Haus sehr abgelegen liegt, empfiehlt es sich auf jeden Fall, ein Auto zu mieten.

Ambiente****

»Sa Bassa« ist ein altes mallorquinisches Landhaus, das zu einem wunderschönen Landhotel umgestaltet und renoviert wurde. Die originalen Strukturen und Merkmale aus dem 13. Jahrhundert wurden beibehalten, wodurch das Haus etwas sehr Urtümliches und Gemütliches hat.

Zimmer***

Die Luxussuiten und auch die kleineren Zimmer, alle im mallorquinischen Landhausstil eingerichtet, muten zum Teil

Wellness- und Spabereich * * *
Es gibt unterschiedliche Beautyangebote für Sie und Ihn. Besonders schön ist der kleine Pool im Garten. Er beweist, dass es nicht immer eine 5000 Quadratmeter große Wellnesslandschaft braucht, um Atmosphäre entstehen zu lassen.

sehr traditionell an. Gäste, die klare, moderne Formen und Linien lieben, können sich hier anfangs vielleicht etwas schwer tun.

Ayurveda * * * * *
Die Ayurvedaabteilung wird seit 1998 von Angela Jung, einer klinischen Ayurvedatherapeutin, geführt. Ihr liegt die ganzheitliche Entwicklung und Ausbalancierung von Körper, Geist und Seele besonders am Herzen. Das Angebot umfasst unter anderem ayurvedische Massagen, ayurvedische Pulsdiagnose, verschiedene ayurvedische Therapien und ayurvedische Kuren, aber auch ganzheitliche Wellness-Entspannungs- und Körperbehandlungen.

Küche * * * *
Hier erwarten den Gast mallorquinische und internationale Gerichte; ausgezeichnete Fischsuppe. Auf Wunsch gibt es auch ayurvedische Küche; bei Regenerationskuren ist diese obligatorisch.

Freizeit * * * *
Die Insel bietet viele Freizeitmöglichkeiten, zum Beispiel Wandern, Schwimmen, Radeln, Golfen. Man kann aber auch Märkte oder kulturelle Sehenswürdigkeiten besuchen.

Besonderes
Zu Beginn einer jeden Behandlung findet man ein feuchtheißes Tuch in einer schönen Tonkalebasse vor und wird so angenehm auf die Behandlung eingestimmt.

Centro de Salud Port Salvi

E-17220 Sant Feliu de Guixols
Girona – Costa Brava

Zu buchen über:
Seva-Ayurveda
Zweigstraße 10
D-80336 München
Telefon +49 (0)89 7904680
info@seva-ayurveda.de
www.seva-ayurveda.de

Wer sich mit der indischen Mentalität schwer tut, aber während einer Panchakarma-Kur nicht auf den Blick aufs Meer verzichten möchte, der ist im »Centro de Salud Port Salvi« gut aufgehoben. Hier kann man mit Blick aufs Mittelmeer Panchakarma-Kuren unterschiedlicher Dauer genießen.

Preiskategorie: Mittel

Lage*****
Das »Centro de Salud Port Salvi« liegt an der Costa Brava, direkt am Meer und thront auf dem Felsen »Port Salvi«. Das Zentrum ist eingebettet in einen wunderschönen Garten voller Blumen. Das kleine Fischerstädtchen Sant Feliu de Guixols liegt nur 800 Meter entfernt.

Ambiente****
Das Gesundheitszentrum ist mit viel Geschmack und Liebe eingerichtet worden. Die Atmosphäre des Hauses ist sehr familiär, angenehm, einladend und freundlich. Das Haus vermittelt ein entspanntes Mittelmeergefühlt.

Zimmer****
Die Zimmer sind geschmackvoll und großzügig eingerichtet. Marmorböden und -bäder sowie große Blumenterrassen gehören zum Standard. Darüber hinaus sind acht Zimmer mit einer kleinen Küche ausgestattet.

Küche****
Es gibt ein Restaurant, in dem ayurvedische Gerichte angeboten werden.

Ayurveda pur

Kempinski Hotel San Lawrenz

Triq ir-Rokon
San Lawrenz, GRB 104
Gozo, Malta
Telefon +356 (0)22 110000
reservations@sanlawrenz.com
www.kempinski-gozo.com

Von München oder Zürich aus fliegt man gut eineinhalb Stunden nach Malta und setzt dann eine halbe Stunde mit dem Schiff nach Gozo über. Wer also den langen Flug nach Indien nicht in Kauf nehmen möchte, sich aber trotzdem einer Panchakarma-Kur in angenehmem Klima unterziehen möchte, der ist hier an der richtigen Adresse. Der Körper hat nach der Rückkehr nach Hause weitaus weniger mit der klimatischen Umstellung zu kämpfen, als wenn man in Indien oder Sri Lanka eine Kur gemacht hätte.

Preiskategorie: Hoch

Lage * * * *
Gozo, die Schwesterinsel von Malta, liegt südlich von Sizilien, im Zentrum des Mittelmeers und ist eine ursprüngliche Insel mit grünen Hügeln, spektakulären Klippen und kleinen versteckten Stränden. Das »Kempinski San Lawrenz« befindet sich im Westen der Insel nahe des kleinen Ortes San Lawrence.

Ambiente * * * * *
Ein altes Farmhaus wurde in ein erstklassiges Hotel umgebaut. Das Gebäude ist überwiegend zweigeschossig und gozoitanischer Wohnkultur nachempfunden. Die verschiedenen Restaurants, Cafés und Lounges laden zum Verweilen ein. Das Interieur ist geschmackvoll und entspricht dem exzellenten Standard des Hauses.

Zimmer * * * *
Die komfortablen und aus Sandstein erbauten Junior-Suiten dominieren. Fast alle Zimmer verfügen über Balkon oder Terrasse mit einem schönen Blick über das Tal von San Lawrenz und auf die Gartenanlage oder den Pool. Einige Zimmer sind

Ayurveda * * * * *
Es können Panchakarma-Kuren von 7 bis 21 Tagen gebucht werden. Nach der Erstuntersuchung mit Pulsdiagnose erstellt der Arzt entsprechend dem Konstitutionstyp des Gastes einen individuellen Therapieplan. Dieser sieht zum Beispiel bei der 14-tägigen Kur folgende Anwendungen vor: Abhyanga, Ganzkörper-Synchron-Massagen mit ayurvedischen Kräuterölen, Kräuter-Dampfbäder, Shirodhara, Einnahme der Ghee-Medizin, Vasti, Nasya.

Freizeit * * * *
Es gibt ein Fitnessstudio und einen Gymnastikraum. Täglich werden 30-minütige Tai-Chi-Kurse angeboten. Das Freizeitangebot umfasst Reiten, Tennis, Segeln, Wasserski, Golfen, Tauchen, Tischtennis, Billard, Gartenschach, Windsurfen, Kajak fahren. Außerdem gibt es einen Fahrradverleih.

Besonderes
Neben der ayurvedischen Medizin hat sich das Haus auch auf die Traditionelle Chinesische Medizin spezialisiert.

schlauchförmig angelegt und verfügen nur über eine Balkontür, die auf die Terrasse führt, was diese Zimmer etwas düster wirken lässt.

Küche * * * * * *

In zwei Restaurants mit Blick auf die Gartenanlage werden kulinarische Köstlichkeiten und landestypische Spezialitäten serviert.

Ayurveda * * * * * *

Seit Mai 2002 werden Ayurvedakuren angeboten. Zum Programm gehören unter anderem Schlankheitskuren, Keralas Öl-Therapie, prä- und postnatale Behandlungen, Antistress- und Entspannungsprogramme, Hautpflege, spezielle Massagen, Schönheits- und Vitalprogramme, aphrodisierende Behandlungen, Panchakarma, Wirbelsäulen-, Sinusitis- und Migräne-Behandlungen, Body Care.

Das Ayurvedazentrum im Kempinski Hotel auf Gozo wird von der Gesellschaft Soft Touch geführt. Deren Betreiber, ein indischer Familienbetrieb, der auf eine mehr als 150-jährige Erfahrung im Bereich des Ayurveda verweisen kann, legt Wert auf authentische Kuranwendungen. Der die Ayurvedaabteilung leitende Arzt, seine Therapeuten und der Koch stammen aus Südindien. Drei Behandlungsräume mit entsprechenden Ruhezonen befinden sich im oberen Teil des Spas. Von dort schaut man auf einen verschwenderisch ausgestatteten Indoorpool.

Wellness- und Spabereich * * * *

Zum Spa gehören ein beheiztes Hallenbad, ein Hydrotherapiepool, ein Whirlpool und zwei Dampfbäder. Zu den angebotenen Behandlungen gehören unter anderem Balneo-Bäder, Algenwickel, Vichy- und Blitzduschen, Massagen, Stone-Therapie sowie eine Vielzahl an ganzheitlichen Wellness- und Wellbeing-Programmen.

Freizeit * * * *

Im Hotel sind zwei Tennis- und Squashplätze vorhanden; außerdem kann man Yoga, Pilates und Aerobic praktizieren. Ansonsten ist Gozo auch als Tauchparadies sehr bekannt und beliebt. Darüber hinaus stellt Gozo auch ein wunderschönes Wanderparadies dar. Da die Insel klein ist, kann man sie sehr gut zu Fuß kennen lernen. Und das macht man am besten im Frühling, wenn alles blüht.

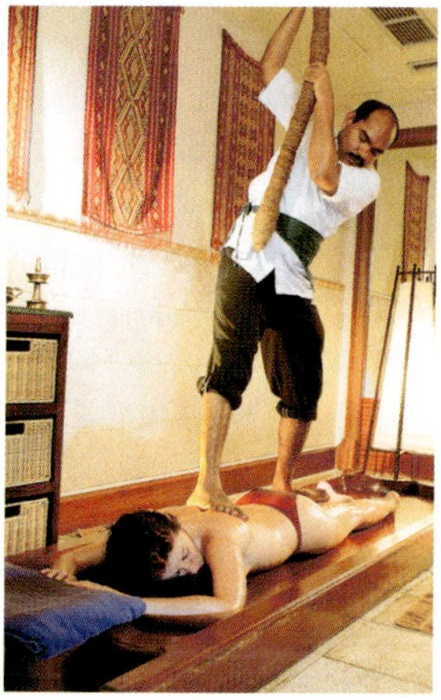

Ayurvedahäuser in Indien

Ananda in the Himalayas

The Palace Estate
Narendra Nagar,
District Tehri-Garhwal
Uttaranchal 249175
Indien
Telefon +91 (0)1378 227500
sales@anandaspa.com
www.anandaspa.com

Auch zu buchen über:
Aytour
Postfach 1827
D-82308 Starnberg
Telefon +49 (0)8151 9987990
info@aytour.de
www.ayurveda-reisen.de

Reisende erwartet an den malerischen Hängen der Himalaya-Ausläufer ein Hotel der Luxusklasse. Die Anlage befindet sich auf dem weitläufigen Gelände des Maharadschapalastes von Theri Garhwal. Von hier hat man einen phantastischen Blick in die umliegenden Täler und auf den heiligen Fluss Ganges. Allein diese malerische Kulisse ist eine Reise wert. Der luxuriöse und große Ayurveda-Spa-Bereich bietet ein ganzheitliches Konzept zu geistigem und körperlichem Wohlbefinden. Die königlichen Preise des Hauses sind allerdings nicht gerechtfertigt.

Preiskategorie: Hoch

Lage******
Das Resort liegt 260 Kilometer nördlich von Neu Delhi. Man erreicht das »Ananda« mit der Bahn via Haridwar in vier Stunden. Transfers in Delhi und ab Bahnstation Haridwar werden organisiert.

Ambiente******
Im Palastflügel befindet sich eine hundert Jahre alte Bibliothek mit seltenen antiken Büchern und Manuskripten, ein Billardraum mit einem der ältesten Billardtische Indiens und eine Tee-Lounge, die die vergangene Ära und die Pracht des Raj (indisch-britische Kolonialherrschaft) widerspiegeln.

Zimmer****
Hinter dem Palast befindet sich der eigentliche Hoteltrakt. Die luxuriösen Zimmer und der aufmerksame Service haben höchstes Niveau. Alle Zimmer und Suiten entlang eines Bergrückens bieten einen atemberaubenden Blick. In den Zimmern wurde die moderne Einrichtung mit dem Ambiente der königlichen Vergangenheit des Anwesens verknüpft, zum Beispiel mit edlem Dekor aus Seide, Stilmöbeln und Kunstobjekten.

Küche*****
Die feine Küche des »Ananda« bietet gesunde, nährstoffreiche und cholesterinarme Speisen, deren Zutaten im hauseigenen Kräuter- und Gemüsegarten wachsen. Auf Wunsch kann man sich in die gesunde Küche des Hotels einführen lassen und an Kochkursen teilnehmen.

Ayurveda***
Angeboten werden verschiedene Ayurvedapakete und ein breites Spektrum an Kursen, die die Gäste mit den alten Lehren für ein langes und glückliches Leben vertraut machen. Während der Kur wird gesundes Himalaya-Quellwasser gereicht, das direkt aus einer Quelle nahe des Palastes fließt. Es ist reich an Mineralstoffen und unterstützt die Reinigung des Körpers.
Die Betreuung durch die Ärzte wurde als mittelmäßig empfunden, die Diagnose als zu allgemein und oberflächlich. Darüber hinaus stellten die Ärzte etwas mechanisch immer die gleichen Fragen.

Wellness- und Spabereich*****
Im Gesundheitszentrum stehen 13 Behandlungsräume zur Verfügung, in denen die unterschiedlichen Therapieformen wie Ayurveda-, Thai-, Schwedische und Jet-Massagen, Shiatsu, Body Wraps oder Hydrotherapie möglich sind. Ein Gymnastikraum mit 16 Statio-

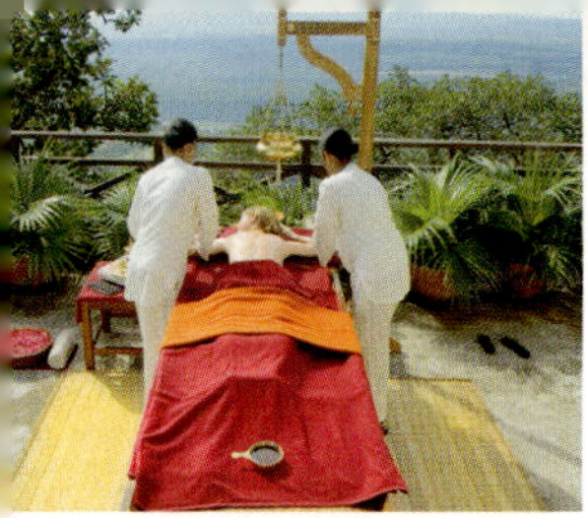

nen, Tennis- und Squashplätze sowie Aerobic-Einrichtungen ergänzen das Wellnesscenter. Die Lehrer für die Yogakurse wurden an der berühmten Bihar School of Meditation ausgebildet.

Freizeit******
Das »Ananda in the Himalayas« unterstützt die Künste durch innovative und einzigartige Ausstellungen und Events. Eine Reihe von Kunstsalons und musikalischen Aufführungen im Amphitheater bilden die Eckpfeiler dieses Programms.
Eine unterhaltsame Abwechslung bieten Aktivitäten rund um das Resort. Der Zauber hiesiger Flora und Fauna der vorgelagerten Berglandschaft des Himalayas, der heilige Fluss Ganges und die umliegenden Nationalparks erschließen sich am besten bei einer im Hotel buchbaren Safari, beim Mountainbiken und bei Spaziergängen. Für Abenteuerlustige wird unter anderem White Water Rafting angeboten.

Casa Tres Amigos

Socol Vado, House No. 425
403507 Assagao, Bardez
Goa, Indien
info@casa-tres-amigos-goa.com
www.casa-tres-amigos-goa.com
Telefon +91 (0)832 2268467

Die »Casa Tres Amigos« ist eine Ayurvedaoase für alle, die es etwas anders und individueller mögen. Die Ayurvedabehandlungen werden bei einer Ayurvedaärztin durchgeführt, die ihre Praxis ganz in der Nähe des Hauses hat.

Preiskategorie: Mittel

Lage*****
Die »Casa Tres Amigos« liegt in dem Dorf Assagao im Norden von Goa, eine der wohl schönsten Regionen Indiens.

Ambiente****
Die Atmosphäre des Hauses ist entspannt und unterscheidet sich im Preis-Leistungs-Verhältnis sehr angenehm von vielen anderen Resorts.

Zimmer***
Die Zimmer sind sehr gemütlich. Sie laden zum Entspannen ein.

Küche****
Die Küche ist schmackhaft und wird auf die Bedürfnisse der einzelnen Gäste abgestimmt.

Ayurveda***
Durchgeführt werden die Behandlungen von Dr. Anita Urja und Chetan aus Poona, die auf eine langjährige Praxis zurückgreifen können. Eine der Ärztinnen arbeitet in ihrer Praxis in der Nähe des Hauses, die leider direkt an der Straße liegt. Ihr Vorgehen ist traditionell, und sie führt auch ambulante Panchakarma-Kuren durch. Mit ihr arbeiten vier Therapeuten.

Wellness- und Spabereich
Kein Angebot vorhanden.

Freizeit*****
Die Casa organisiert zahlreiche Motorradtouren, auf denen den Gästen Indien auf eine besondere Art näher gebracht wird. Wem das zu abenteuerlich ist, der kann sich die Zeit am Strand vertreiben.

Lagoona Davina

TC68/2054 Pachalloor Village
Trivandrum 695027
Kerala, Indien
Telefon +91 (0)471 2380049
davina@india.com
www.lagoonadavina.com

Wer Ruhe, hervorragendes Essen, geschmackvolles indisch-orientalisches Ambiente sucht, ist im »Lagoona Davina« an der richtigen Adresse. Man kann den Fischern bei der Arbeit zusehen und den traumhaften Ausblick aufs Meer genießen. Die einzelnen Ayurvedabehandlungen werden hier vor allem wegen des besonderen Ambientes gebucht.

Preiskategorie: Mittel

Lage*****
Das Haus liegt in einer malerischen Lagune zwischen Meer und »Backwater«. Von hier sieht man Fischer und ihre typischen Holzboote. Da nicht jeder Taxifahrer das »Lagoona Davina« kennt, lässt man sich am besten am Flughafen Trivandrum abholen.

Ambiente*****
Jedes Cottage ist liebevoll in erdigen Farbtönen und mit Dekorationen im indischen Stil ausgestattet.

Zimmer*****
In den Zimmern sind bunte Vorhänge, schöne Bilder, warme Farben und eine geschmackvolle Einrichtung aufeinander abgestimmt.

Küche*****
Hier wird eine exzellente südindische Küche geboten. Die Kerala-Speisen werden für den europäischen Gaumen gut verträglich hergerichtet. Auf Anfrage kann man auch ayurvedisch und fettarm speisen. Lunch und Dinner werden als Dreigängemenü präsentiert. Vegetarische Kost überwiegt; wahlweise gibt es abends frisch gefangenen Fisch.

Ayurveda***
Es gibt einige klassische Ayurvedamassagen im Angebot wie eine spezielle Abhyanga, Kopf- und Nackenmassage. Die Behandlungen werden in einem einfachen Zelt durchgeführt. Dies ist einen kleinen Fußmarsch entfernt hinter dem Hotel gelegen. Der Masseur des Hauses wurde bei Dr. V. Franklin, einem bekannten Ayurvedaarzt, ausgebildet; kräftiger Griff, gute Kopfmassagen.

Wellness- und Spabereich
Kein Angebot vorhanden.

Freizeit*****
Das Haus liegt direkt an den »Backwaters«, eigene Boote sind vorhanden. Ausflüge kann man zu Tempeln, einem Wasserfall und zum Shivananda-Ashram unternehmen.

Le Leela Palace – Goa

Cavelossim, Mobor
Salcette, Goa 403731, Indien
Telefon +91 (0)832 2871234
reservations.goa@theleela.com
www.theleela.com

Das »Leela Palace« in Goa bietet den Luxus eines Weltklassehotels. Entsprechend sind die exquisite Küche und das Ambiente des Hauses. Ayurveda wird in Form von Einzelanwendungen und als Paket von drei bis neun Tagen gegen Stress, Schlafstörungen, Kopfschmerzen angeboten.

Preiskategorie: Hoch

Lage*****
Das »Leela Palace« ist eine halbe Stunde vom Bahnhof Margao und eine Stunde vom Dabolim Airport entfernt. Das Haus liegt zwischen dem kilometerlangen weißen Mobor-Strand und dem Fluss Sal auf einer Landzunge bei Cavelossim im Süden Goas. Südgoa ist angenehm ruhig. Am sauberen Strand kommt man nach etwa 20 Minuten Spaziergang zur Mündung des Flusses Sal, wo man die Fischerboote aufs Meer hinausfahren sieht.

Ambiente******
Das »Leela Palace« nimmt in Architektur und Ausstattung Bezug auf wichtige Kulturmonumente Indiens. Die mit Säulen versehene Eingangshalle stellt die Yalis dar; die Löwenstatuen erinnern an das mächtige Vijayanagarareich im 14. Jahrhundert. In einer imposant beleuch-

teten Laube thront ein Nataraja in Lebensgröße.

Zimmer * * * * *
Die Zimmer entsprechen dem Standard eines Luxushotels, sie sind geschmackvoll und gleichzeitig großzügig eingerichtet. Das Design der Zimmer beinhaltet portugiesische und indische Elemente.

Küche * * * * * *
Das Haus verfügt über mehrere ausgezeichnete Restaurants und Bars. Tagsüber und am Abend gibt es indische und internationale Gerichte, frisches Seafood und indische Beilagen, mediterrane Küche auf hohem Niveau, aber auch eine feine indische Küche. Alle Restaurants sind hervorragend, und die Preise sind angemessen. Darüber hinaus gibt es einige Gerichte, die die Doshas ausgleichen.

Ayurveda * * * *
Angeboten werden einzelne Ayurvedabehandlungen wie Abhyanga, Shirodhara, Padabhyanga, Podikizhy, Nasya, Udvarthana. Wenn diese Behandlungen einzeln und ohne vorherige Konsultation des Arztes gebucht werden, wird Dosha-unspezifisches Öl verwendet. Der Ayurvedaarzt ist seit sechs Jahren im Hotel. Er kommt aus Kerala und ist als Ayurvedaarzt ausgebildet. Die Therapeuten haben ebenfalls eine mehrjährige Ausbildung zu Ayurvedatherapeuten absolviert. Neben einzelnen zu buchenden Behandlungen gibt es unter anderem auch Pakete von drei bis neun Tagen gegen Stress, Schlafstörungen, Kopfschmerzen. Enthalten sind kurze ärztliche Konsultationen. Trotz der Präsenz des Arztes ist hervorzuheben, dass die Gäste hier in erster Linie Urlaub machen wollen. Man plant, die Ayurvedaabteilung in ein bis zwei Jahren zu erweitern, mit einem separaten Restaurant und Unterkünften, um dann auch Panchakarma-Kuren anbieten zu können.

Wellness- und Spabereich * * * * *
Das Spa bietet eine große Auswahl von Beautyanwendungen und erstklassige Massagen

wie Reflexzonenmassage, Schwedische Massage. Daneben stehen auch verschiedene Saunen zur Verfügung.

Freizeit * * * * *
Kostenfrei kann man Fahrräder leihen und Cricket, Beachvolleyball oder Tischtennis spielen. Der 12-Loch-Golfplatz ist nicht sehr anspruchsvoll, aber ansprechend gestaltet. Golfschläger kann man ausleihen. Des Weiteren gibt es Tennisplätze und ein großes Wassersportangebot: Katamaran-Segeln, Surfen, Wasserski, Bananaboat, Parasailing und diverse Bootstouren.
Darüber hinaus werden Touren nach Nord- und Südgoa arrangiert.

The Leela, Kempinski, Kovalam Beach

Kovalam Beach
Trivandrum 695527
Kerala, Indien
Telefon +91 (0)471 2480101
reservations.kovalam@
theleela.com
www.theleela.com

Das Flair entspricht dem einer großen, anonymen Ferienanlage und spiegelt somit nicht den Charme Südindiens wider. Das Ayurvedazentrum, das im Hotel untergebracht ist, wird von der Gesellschaft Soft Touch geführt. Hier werden Wellness-Ayurveda-Anwendungen bevorzugt; Panchakarma-Kuren werden im Verhältnis weniger gebucht.

Preiskategorie: Hoch

Lage * * * * *
Das Hotel liegt 15 Kilometer vom Flughafen Trivandrum entfernt, eingebettet in einer Bucht. Es erstreckt sich über eine Klippe.

Ambiente * * *
Das »Leela« ist das größte Resort in Kerala und hat den Charakter einer großen, anonymen Ferienanlage.

Zimmer * * * * *
Die charakteristische Bauweise Südindiens wurde hier außer Acht gelassen. Die Zimmer sind modern eingerichtet und von hohem Standard. Jedes Zimmer hat eine eigene Terrasse.

Küche * * * * * *
Die Küche entspricht einem hohen internationalen Standard. Auf Anfrage erhält man auch ayurvedische Gerichte, ebenfalls auf hohem Standard.

Ayurveda * * * *
Angeboten werden unter anderem Abhyanga, Elakizhi, Dhara, Pizzichil. Die Ayurvedaabteilung wirkt im Verhältnis zum Hotel etwas klein. Es gibt insgesamt 187 Gästezimmer und nur zwei Behandlungsräume. Das Ayurvedazentrum wird von der Gesellschaft Soft Touch geführt. Deren Betreiber, ein indischer Familienbetrieb, der auf mehr als 150 Jahre Ayurvedaerfahrung verweisen kann, legt Wert auf authentische Kuranwendungen. Geleitet wird die Ayurvedaabteilung von zwei Ayurvedaärzten, die ständig im Haus sind. Ayurveda selbst wird momentan in zwei Gästezimmern praktiziert. Vorwiegend werden Wellness-Ayurveda-Anwendungen gebucht; Panchakarma-Kuren werden im Verhältnis nicht so viel gebucht. Während der professionell ausgeführten Behandlungen werden Mantras abge-

spielt. Die beiden Behandlungsräume sind halbdunkel; die Klimaanlage kühlt fast zu sehr.

Wellness- und Spabereich*
Die Wellness-Aktivitäten beschränken sich auf Fitnesscenter, Golf und Swimmingpool.

Freizeit*****
Das große Freizeitangebot umfasst unter anderem »Backwater«-Touren und Tempelbesichtigungen, Badminton, Tennis, Beachvolleyball.

Ayurveda pur

Agastya Ayurveda Garden

Trivandrum
Kerala, Indien

Zu buchen über:
Intertreck AG
Haselstrasse 15/3
CH-9014 St. Gallen
Telefon +41 (0)71 2786464
info@ayurveda.ch
www.ayurveda.ch

Dieses ganz besondere Resort, in naturnahem und ursprünglich indischem Baustil erstellt, befindet sich im Süden Indiens. Die vielen zufriedenen Stammgäste, der herzliche Empfang und die natürliche Einfachheit in Verbindung mit ausgezeichnetem Komfort machen das Haus zu einem Geheimtipp. Darüber hinaus bietet das Resort ein botanisches Erlebnis, denn im hauseigenen Park wachsen alle ayurvedischen Heilpflanzen.

Preiskategorie: Mittel

Lage****
Das Haus liegt etwa 30 Minuten vom Flughafen Trivandrum entfernt geschützt in einer Plantage. Und da keine Schilder und auch keine Werbung auf das Haus aufmerksam machen, ist es nur von Insidern zu finden.

Ambiente*****
Jeder Bungalow hat Meerblick, und es gibt einen Palmenwald und einen eigenen botanischen Garten mit ayurvedischen Heilpflanzen. Insofern findet man anstelle einer sterilen Hotelatmosphäre eine Oase der Ruhe und Ursprünglichkeit.

Zimmer****
Die Unterbringung erfolgt in Bungalows. Die Zimmer sind einfach. Geduscht wird im Freien. Dennoch vermisst man hier nichts, stattdessen fällt die Reduktion auf das Wesentliche leicht.

Küche****
Morgens hat man die Wahl zwischen einem Kerala-Frühstück, das heißt ein einfaches, schmackhaftes Dhal, »english breakfast« oder Früchten. Mittags und abends bekommt man ein doshagerechtes Essen serviert. Das Essen ist bekömmlich, indisch-ayurvedisch ohne viel Fett oder Ghee zubereitet. Man fühlt sich gesättigt und zufrieden. Früchte und Tee werden den ganzen Tag über angeboten. Die Auswahl der Früchte wurde als herausragend erlebt. Gespeist wird unter einem Palmendach oder unter freiem Himmel.

Atmasantulana Village

Karla 410405, Indien
Telefon +91 (0)2114 282261
atma@santulan.com
www.ayu.de

Bei dieser Anlage steht die geistig-spirituelle Ausrichtung im Vordergrund. In das Atmasantulana Village kommen viele kranke Menschen zu einer Panchakarma-Kur. Wellness-Ayurveda wird nicht praktiziert. Ein Aufenthalt mit einzelnen Anwendungen und der Teilnahme an anderen Angeboten ist jedoch möglich.

Preiskategorie: Mittel

Lage ****
Das Zentrum liegt in der Nähe von Puna. Im Village selbst ist es – wenn nicht gerade irgendwo gebaut wird – sehr ruhig und beschaulich. Die Parkanlage ist nicht spektakulär und nicht perfekt gepflegt. Dafür gibt es hier eine Gärtnerei, einen Kräutergarten, einen kleinen See und einige Kühe. Nachts ist der in der Nähe vorbeiführende Highway Mumbai Pune sehr stark befahren, wodurch die Nachtruhe bei offenem Fenster oder offener Balkontür in einigen Teilen der Anlage gestört sein kann.

Ambiente ****
Es gibt verschiedene Gebäudekomplexe mit unterschiedlichen Zimmerkategorien. Europäische Touristen finden hier allerdings nicht den bei uns üblichen Komfort und die Annehmlichkeiten eines Wellnesshotels.

Ayurveda ******
Es gibt zwei hervorragende Ayurvedaärzte, Dr. J. E. Wilfred und Dr. A. Malika. Der Schwerpunkt des Hauses liegt auf traditionellen Ayurvedakuren, es wird jedoch auch Wellness-Ayurveda angeboten. Wir fühlten uns gut aufgehoben und herzlich betreut. Die Konsultationen erlebten wir als sehr fundiert; vorhanden war auch ein Anamnesebogen mit gezielten Fragen.

Die Behandlungen werden jeden Tag dem aktuellen Ist-Zustand angepasst. Es gibt viel Raum für individuelle Prozesse. Die Ärztin oder der Arzt sind oft in der Wartezone vor den Massageräumen anzutreffen, um für Rat und Fragen sowie individuelle Änderungen zur Verfügung zu stehen.
Viele Gäste kommen regelmäßig hierher und sind äußerst zufrieden.

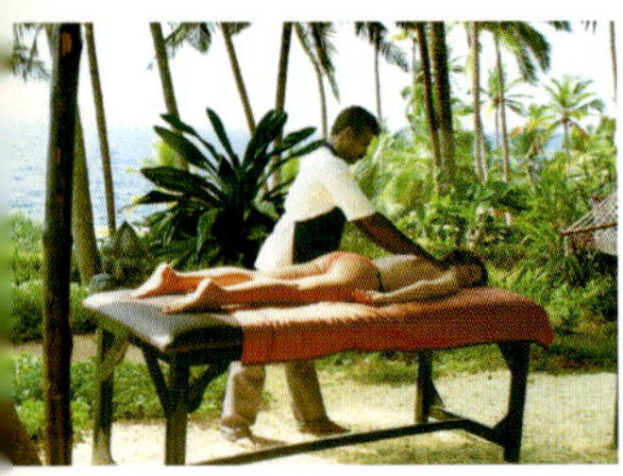

Wellness- und Spabereich *****
Ein Pool ist in Vorbereitung, wird aber nicht wirklich vermisst. Der Beautybereich ist in die Massagehäuser integriert. Hier werden die Sinne auf äußerst sanfte Weise berührt.

Freizeit ******
Es gibt ein großes Freizeitangebot, zum Beispiel »Backwater«-Touren und Tempelbesichtigungen.

Besonderes
Wer im Juli und August kommt, kann gratis einen Massagekurs genießen.

Zimmer****

Die Zimmer sind sauber und einfach ausgestattet mit allem, was man braucht. Ein neues Gebäude mit luxuriösen Apartments steht ab Oktober 2006 zur Verfügung.

Küche******

Bei den Speisen wird großen Wert auf gute Qualität, auf das Vorhandensein der verschiedenen Geschmacksrichtungen und auf traditionell indische Zubereitung gelegt. Während der Kurtage, besonders während der Gheetrinktage ist eine konsequente Diät obligatorisch. Es gibt keinerlei saure Anteile beim Essen, das heißt kein Obst, keine Tomaten usw. Auch die Mengen sind eingeschränkt. Erlaubt sind aber zum Beispiel zweimal täglich je eine Tasse Chai und je eine Tasse Milch. Ansonsten gibt es heißes Wasser. Das Essen ist hier eine wichtige Säule der Therapie.

Ayurveda******

Die Leitung der Therapie obliegt Dr. Balaji Tambe, der zusammen mit mehreren indischen Ärzten und Ärztinnen für die Patienten da ist. Wenn Dr. Tambe nicht im Zentrum zugegen ist, lässt er sich per E-Mail oder Fax über die Patienten und den Verlauf von deren Behandlung informieren und gibt gegebenenfalls Anweisungen.
Im Village gibt es viele deutsche Therapeutinnen, die die Behandlungen durchführen. Sie erkundigen sich vor den Behandlungen nach dem Befinden. Wir erlebten die Konsultationen als ausführlich und die therapeutische Betreuung als sehr fachkundig, kompetent und aufmerksam. Von manchen Gästen kam allerdings die Kritik, dass sie zu wenig Behandlungen erhalten hätten.

Freizeit**

In der Umgebung befinden sich verschiedene Ausflugsorte, so zum Beispiel einige alte Höhlen. Der nächste Einkaufsort, Lonavala, ist acht Kilometer entfernt und mit der Rikscha oder dem Village-Bus zu erreichen. Ansonsten ist die Umgebung nicht besonders attraktiv, da das Land relativ flach ist und der Verkehrslärm der nahen Autobahn stört.

Besonderes

Außergewöhnlich im Atmasantulana-Ayurvedazentrum ist die spirituell-geistige Ausrichtung. Dazu gehört die zweimal täglich stattfindende Meditationsstunde im reich geschmückten Tempel, wo Gesänge, Gebete und Klänge von Dr. Tambe zu hören sind. Die Gesänge und Klänge gelten als heilsam und therapeutisch als sehr wichtig. Darum legt man Wert darauf, dass die Gäste die Meditationen und auch das morgendliche Yoga wahrnehmen. Viele Gäste aus Europa und Indien kommen wegen einer schweren chronischen Erkrankung zur Kur, weil man offenbar sehr gute Erfolge erzielt. Einige Gäste wissen aber nicht, dass die körperlichen Anwendungen (Massagen usw.) nur ein Teil des Programms sind und sind deshalb unzufrieden mit der geringen Anzahl der Behandlungen. Die Therapeuten betonen aber, dass eine Behandlung täglich ausreicht, weil sich der Körper dann besser damit auseinander setzen kann. An Ghee- und Abführtagen, während der Menstruation und donnerstags gibt es keine Behandlungen, sodass auch ein längeres behandlungsfreies Intervall entstehen kann. Diese Punkte sollte man also unbedingt beachten, bevor man sich zu einem Aufenthalt in dem Ayurveda-Village entschließt.

Ayur-Dham-Seva-Ayurveda-Zentrum

148/3 Srinivasapura,
Nelanangel – Tk
562123 Bangalore, Indien

Zu buchen über:
Seva-Ayurveda
Zweigstraße 10
D-80336 München
Telefon +49 (0)89 7904680
info@seva-ayurveda.de
www.seva-ayurveda.de

Das »Ayur Dham« liegt ruhig und abgeschieden und ist somit ein idealer Standort für Kuren und für Ayurvedaausbildungen. Für Gäste, die in erster Linie Wellness-Ayurveda mit Unterhaltung suchen, ist es allerdings weniger empfehlenswert.

Preiskategorie: Mittel

Lage ***

Das Haus liegt sehr ruhig im klimatisch milden Hochland von Indien, etwa zwei Autostunden vom Flughafen Bangalore entfernt, kurz hinter dem Dorf Nelamangala. Ein Transfer vom Flughafen ist möglich.

Ambiente *****

Alle Gebäude sind nach Vastu-Prinzipien angelegt und im landestypischen Stil Südindiens mit Terrassen, begrünten Innenhöfen, Giebeln, Gauben und roten Schindeldächern erbaut. Hier fühlt man sich sehr schnell wohl.

Zimmer *****

Cottages beherbergen Einzel- und Doppelzimmer. Dabei verfügt jede Zimmergruppe über einen begrenzten Außenbereich zum Sitzen und Ruhen. Die Zimmer sind mit naturbelassenen landestypischen Materialien ausgestattet. Die Zimmer sind sauber und verbinden indisches Flair mit westlichem Komfort.

Küche *****

Schmackhafte, indische, ayurvedische Gerichte sind auf den europäischen Geschmack abgestimmt. Ein Kräutergarten sorgt für frische Zutaten.

Ayurveda ******

Im »Ayur Dham« wird in erster Linie gutes, authentisches Ayurveda praktiziert. Wellness-Ayurveda wird hier nur nebenbei angeboten. Es gibt einen Ayurvedaarzt, der ständig im Haus ist; das Team arbeitet unter seiner Regie. Die Behandlungen finden in einfachen und schönen Räumen statt, die sich um ein quadratisches Wasserbecken voller Lotusblüten reihen. Sämtliche Ayurvedaärzte, die für das Zentrum tätig sind, wurden an der Universität ausgebildet.
Die Konsultation beinhaltet eine Puls- und Zungendiagnose, bei Bedarf wird auch eine Irisdiagnose angewendet. Der Gast wird nach körperlichen Leiden und Problemen befragt, eine Dosha-Bestimmung wird vorgenommen, sodass in der Folge eine typgerechte Behandlung verschrieben werden kann. Die Kompetenz der Ärzte und die Behandlungen wurden von uns als professionell und angenehm empfunden. Die Ärzte haben für »Seva« bereits an mehreren Orten in Indien und Europa gearbeitet, sodass sie die europäische Klientel kennen.

Freizeit ***

Für sportliche Aktivitäten ist durch einen Swimmingpool, einen Tennisplatz und einen Joggingpfad auf dem Gelände gesorgt.

Coconut Bay Beach Resort

Vizhinijam Mulloar P.O.
Trivandrum 695521
Kerala, Indien

Zu buchen über:
Aytour
Postfach 1827
D-82308 Starnberg
Telefon +49 (0)8151 9987990
info@aytour.de
www.ayurveda-reisen.de

Das großzügig angelegte, sehr gepflegte Resort liegt inmitten eines üppigen Palmenhains direkt an einer Bucht mit naturbelassenem Strand in der Nähe von Kovalam, dem bekanntesten Strand Südindiens. Hier wird ausschließlich authentisches, traditionelles Ayurveda angeboten.

Preiskategorie: Mittel

Lage***

Das Haus liegt im Südwesten Indiens, an der südlichen Spitze Keralas. Von dem bekannten indischen Badestrand Kovalam Beach ist es nur sechs Kilometer entfernt, vom Flughafen Trivandrum ist es in 30 Minuten Fahrtzeit zu erreichen.

Ambiente***

Die Anlage liegt inmitten eines üppigen Palmenhains direkt an einer Bucht mit naturbelassenem Strand. Das Resort mutet sehr europäisch an, mit klaren baulichen Strukturen. Das Restaurant ist überdacht, sonst aber offen. Die Wege innerhalb des Resorts (zur Yogahalle, zum Restaurant und zum Ayurvedazentrum) sind kurz.

Zimmer**

Als Unterkunft stehen die Kategorien »Beach Villa« und »Beach Room« zur Verfügung, die sich aber im Wesentlichen nur durch die Zimmergröße und die Lage unterscheiden. Alle Zimmer sind mit Fernseher und Telefon ausgestattet und bieten Meerblick. Jedes Zimmer hat eine eigene Hängematte oder Liege und befindet sich in unmittelbarer Nähe des Swimmingpools.

Küche*

Es gibt eine große allgemeine Speisekarte mit für Kerala typischen und europäischen Gerichten; sämtliche Gerichte sind doshaspezifisch. Die Wartezeit zwischen Bestellung und Auftragen ist sehr lang (mindestens eine Stunde). Die geschmackliche Qualität der Speisen ist unterschiedlich.

Ayurveda

Das Haus ist darauf bedacht, ausschließlich authentische, traditionelle Ayurvedabehandlungen durchzuführen. Angeboten werden eine klassische Panchakarma-Kur, eine Reinigungskur (Purification) oder eine Verjüngungskur (Rejuvenation). Die Behandlungen und die Arztkonsultationen finden alle im neuen resorteigenen Ayurvedazentrum mit acht Behandlungsräumen statt. Alle Behandlungen, einschließlich der entsprechenden Massagen und gegebenenfalls Darmreinigung (Vashti), werden nach ärztlicher Verordnung durchgeführt. Der Verlauf der Kur wird bereits am Anfang für

die gesamte Kur festgelegt. Einige Gäste empfanden die Untersuchungen als oberflächlich, weil nicht auf vorhandene Beschwerden eingegangen wurde, andere waren zufrieden und kommen bereits seit mehreren Jahren hierher. Der leitende Arzt des Hauses, Dr. V. Franklin, wurde von uns als sehr unfreundlich empfunden.
Für Übersetzungen steht eine deutschsprachige Gästebetreuung zur Verfügung. Kurbegleitendes Yoga findet täglich unter professioneller Anleitung statt.

Freizeit * * * *
Das Resort bietet ein vielfältiges Freizeitangebot. Neben den üblichen Strandaktivitäten steht im Trivandrum Golf Club ein 9-Loch-Platz zur Verfügung. Man kann Ausflüge in die nähere Umgebung und »Backwater«-Touren unternehmen. An den Wochenenden veranstaltet das Haus Vorführungen zur indischen Kultur und zu einheimischen Traditionen. Für individuelle Touren können Taxis zum Selbstkostenpreis gemietet werden.

Besonderes
Hervorzuheben ist der sehr gute Yogaunterricht am Morgen.

Duke's Forest Lodge

Anappara
Südkerala, Indien

Zu buchen über:
Aytour
Postfach 1827
D-82308 Starnberg
Telefon +49 (0)8151 9987990
info@aytour.de
www.ayurveda-reisen.de

»Duke's Forest Lodge« liegt am Rand des Peppara-Wildlife-Naturschutzparks an den Ausläufern der Berge von Ponmudi in Südkerala inmitten üppiger Natur. Unter der Schirmherrschaft des Mutterresorts »Nikki's Nest« (siehe Seite 111) und dessen Ärzteteam werden auch im »Duke's« Ayurvedakuren angeboten. Die Arztkonsultationen und die Behandlungen finden zuweilen nachmittags statt, da die Therapeuten und Ärzte überwiegend von »Nikki's Nest« kommen. Arzt und Therapeuten sind somit nicht wie andernorts ständig im Haus.

Preiskategorie: Mittel

Lage * * * *
»Duke's Forest Lodge« ist etwa eine Stunde vom Flughafen Tri-

vandrum und dem Strand von Kovalam entfernt. Das Resort liegt am Rand des Peppara-Wildlife-Naturschutzparks an den Ausläufern der Berge von Ponmudi in Südkerala inmitten einer Gummibaumplantage mit Kokospalmen, organischen Kakao- und Kaffeesträuchern und seltenen Gewürzen. Die traumhafte Umgebung mit unberührtem Regenwald, reicher Flora und Fauna sowie den spektakulären Wasserfällen ist ein Paradies für Naturliebhaber, Trekkingfreunde und Ruhesuchende. Ruhe und Natur sind in Hülle und Fülle vorhanden, dafür aber keine Ausgehmöglichkeiten am Abend.

Ambiente * * * * *
Das Resort zeichnet sich besonders durch eine umweltfreundliche Bauweise aus. Sie verbin-

det traditionelle keralische Architektur mit einer großzügigen und komfortablen Ausstattung.

Zimmer *****

Die fünf eigenständigen Bungalows (Pool-Villas) sind auf Stelzen erbaut und auf von Bananenpflanzen gesäumten Wegen leicht erreichbar. Die Bungalows und Zimmer sind sauber und geräumig. Es gibt keine Moskitonetze, lediglich Schnakennetze an den Fenstern, die sich bei unserem Besuch als nicht

sehr effektiv erwiesen haben. Da die Lodge direkt im Dschungel am Fluss liegt, erwarten einen hier sehr viele Kleintiere.

Küche ****

»Duke's Forest Lodge« besitzt ein großes Restaurant mit guter keralischer und internationaler Küche. Von hier schaut man auf den Fluss und den Swimmingpool. Es gibt drei Mahlzeiten pro Tag sowie Obst und Tee. Die Speisen sind doshagerecht zubereitet und schmackhaft. Da das Resort nur über sechs Häuser verfügt, sind auch nur sechs Tische vorhanden. Dadurch herrscht eine sehr familiäre Atmosphäre.

Ayurveda *****

Die Ayurvedakuren stehen unter der Schirmherrschaft des Mutterresorts »Nikki's Nest« und dessen Ärzteteam. Das Ayurveda-Grundprogramm sieht entweder eine Verjüngungskur (Rejuvenation) oder eine Panchakarma-Kur (Purifications- bzw. Reinigungskur) vor. Für beide wird nach der Eingangsuntersuchung vom Ayurvedaarzt ein auf den Gast individuell zugeschnittener Behandlungsplan festgelegt, der von den Therapeuten durchgeführt wird.
Die Masseure werden von Dr. Franklin in Kerala ausgebildet; die Qualität der Masseure wurde allerdings von uns als sehr unterschiedlich empfunden.

Freizeit ****

Das Haus bietet zahlreiche Freizeitaktivitäten an: Schwimmen im Fluss Kallar, Halbtagesausflug nach Trivandrum zum Shopping, Ausflug in die berühmten »Backwaters« eventuell mit Übernachtung auf einem Hausboot. Außerdem lassen sich unvergessliche Wander- und Trekkingtouren in die nähere und weitere Umgebung unternehmen. Möglich ist auch der Besuch eines Dorfes der Ureinwohner, die in den umliegenden Wäldern leben.

Harivihar Ayurvedic Heritage Home

Bilathikulam
Calicut 673006
Kerala, Indien
Telefon +91 (0)495 2765865
harivihar@harivihar.com
www.harivihar.com

In abgeschiedener Lage abseits der üblichen Touristenzentren findet man hier eine sehr herzlich geführte Ayurvedaoase, in der fundiertes Ayurveda angeboten wird. Stammgäste kommen deshalb immer wieder

gern für drei bis vier Wochen hierher, um sich vom Alltagsstress zu erholen.

Preiskategorie: Mittel

Lage ****

Das Haus liegt in Calicut, im Bundesstaat Kerala, etwa zehn Minuten vom Bahnhof entfernt. Der nächste Badestrand ist mit einem Auto in einer halben Stunde zu erreichen.

Ambiente ****

Das »Harivihar« ist sehr persönlich gehalten und hat ein entspannendes Ambiente. Das Haus ist in dem für Kerala typischen Stil eingerichtet und sehr gepflegt. Es gibt einen großen

Garten mit einem Naturteich, in dem man allerdings nur während der Regenzeit baden kann.

Küche****
Die Küche wurde als hervorragend empfunden. Sie ist traditionell, geschmackvoll und gleichzeitig sehr liebevoll zubereitet. Keralatypische Gerichte werden mit nordindischen abgewechselt. Als einzige Kritik ist anzumerken, dass in vielen Speisen noch herkömmlicher Zucker verwendet wird.

Ayurveda****
Das im April 2003 eröffnete Haus bietet traditionelles Ayurveda an. Die Kuren dauern zwei bis vier Wochen. Es gibt nur acht Zimmer, dadurch ist die Betreuung sehr persönlich. Jede Behandlung wird sehr feierlich mit einer Anrufung des ayurvedischen Gottes Dhanwanthari begonnen. Bei jeder Behandlung sind zwei bis drei Therapeuten anwesend. Der behandelnde Arzt des Hauses wirkt sehr erfahren. Er leitet auch die Yogaklasse am Morgen mit leichten Übungen, die er gut korrigiert, sodass auch ältere, ungeübte Gäste ohne weiteres mitmachen können.

Freizeit****
Ausflüge zu verschiedenen Tempeln sind möglich. Darüber hinaus werden Kampfkunstvorführungen und Konzerte angeboten und »Backwater«-Touren organisiert.

Besonderes
Der Besitzer des Hauses, seine Frau und alle Mitarbeitenden wurden als außergewöhnlich liebevoll und freundlich empfunden.

Kadappuram Beach Resort

P.O. Nattika Beach
Thrissur
Kerala, Indien

Zu buchen über:
Aytour
Postfach 1827
D-82308 Starnberg
Telefon +49 (0)8151 9987990
info@aytour.de
www.ayurveda-reisen.de

Das Haus liegt in Thrissur im Bundesstaat Kerala, inmitten eines weitläufigen Palmenhains, abseits von Lärm, Hektik und Touristen. Das Ayurvedazentrum des Hauses untersteht einem erfahrenen Ayurvedateam, das darauf bedacht ist, authentisches, traditionelles Ayurveda zu praktizieren.

Preiskategorie: Mittel

Lage******
Das Haus befindet sich etwa eine Autostunde vom Flughafen Cochin entfernt an der Malabarküste. Es wurde mitten in einen weitläufigen Palmenhain erbaut, nur von typischen keralischen Fischerdörfern umgeben und mit direktem Zugang zu einem etwa 200 Meter entfernten, vom Tourismus noch unberührten Sandstrand.

Ambiente*****
Das »Kadappuram« ist ein ideales Resort, abseits von Lärm und Hektik – ein versteckter Schatz an der Malabarküste.

Zimmer ******

In jedem der sechs im landestypischen Stil errichteten Bungalows sind zwei separate, geräumige Zimmer untergebracht. Sie sind geschmackvoll eingerichtet und verfügen jeweils über einen eigenen Eingang, eine überdachte Terrasse, Ventilatoren und Bad/WC. Die Zimmer sind mit viel Holz ausgestattet, zum Teil mit antiken Möbeln. Die Innenwände sind mit aus Palmenwedeln geflochtenen Matten verkleidet. Und die in die Dächer eingearbeiteten Kräuter verströmen einen aromatischen, belebenden Duft. Die Zimmer sind groß genug um in ihnen längere Zeit zu zweit zu wohnen.

Küche ****

Das schön gelegene Lake-View-Restaurant ist auf traditionelle, ayurvedisch-keralische Küche spezialisiert. Auf einem Büfett bietet es eine Auswahl an doshagerechten, interessanten Speisen, bestehend aus fangfrischem Fisch, Reis, Gemüse und Obst. Muss jemand Gewicht reduzieren, bekommt er die Speisen allerdings portioniert serviert.

Ayurveda ******

Das Ayurveda-Grundprogramm sieht eine klassische Reinigungskur (Panchakarma/Purification) oder Verjüngungskur (Rejuvenation) vor, die von der Erstuntersuchung über den individuell angepassten Behandlungsablauf bis zur Abschlussuntersuchung sorgfältig und gewissenhaft durchgeführt wird. Vor jeder Massage erkundigen sich die Therapeuten kurz nach Schlaf, Stuhlgang, Beschwerden usw., um zu kontrollieren, ob die Kurverordnung noch angemessen ist. Die Öle werden im »Kadappuram« selbst hergestellt. Es können zwar auch einzelne Wellness-Ayurveda-Behandlungen gebucht werden, aber es wird immer wieder betont, dass hier das Augenmerk auf traditionellem Ayurveda liegt. Wer eine ernsthafte Erkrankung hat, sollte vor dem Besuch Kontakt mit dem Haus aufnehmen und seine Krankheitsunterlagen schicken.

Freizeit *****

Man kann wunderbar lange Strandwanderungen unternehmen. Vom »Kadappuram« werden vielerlei Aktivitäten und Ausflüge organisiert, und es bestehen verschiedene Möglichkeiten zur Freizeitgestaltung wie zum Beispiel eine Bootsfahrt, ein Ritt auf einem Elefanten oder ein Besuch der alten kolonialen Handelsstadt Cochin oder der bunten Märkte mit einheimischen Produkten.

Bei Ausflügen ins Landesinnere kann man die Tempelanlagen von Trichur, Guruvayoor und Kodungalur sowie den Sri-Rama-Tempel besichtigen oder die exotische Schönheit der Berge und der Athirappilly-Vazhachal-Wasserfälle erleben. Das Team des Resorts steht bei der Planung und Organisation jederzeit zur Verfügung. Während der Hochsaison werden im Resort unterschiedliche kulturelle Veranstaltungen dargeboten.

Karikkathi Beach House

Cliff Beach Garden,
South of Kovalam
Via Nagar Bhagavathi Temple
Pulinkudi, Mullor Thottam
Kerala, Indien
Telefon +91 (0)471 2400956
karikkathi@yahoo.co.in
www.karikkathibeachhouse.com

Hier findet man vollkommene Ruhe, da nur vier, maximal sechs Gäste aufgenommen werden. Neben Panchakarma-Kuren, bei denen man von einem Arzt betreut wird, ist es auch möglich, einzelne Wellness-Ayurveda-Behandlungen ohne ärztliche Betreuung zu buchen. Das Haus wurde für sein authentisches Ayurveda mit dem Kerala State Tourism Award 2001/2002 ausgezeichnet.

Preiskategorie: Mittel

Lage******
Das Haus liegt 19 Kilometer südlich vom Thiruvananthapuram International Airport, Trivandrum, und acht Kilometer südlich von Kovalam. Es befindet sich abgeschieden in einer Bucht und ist sehr ruhig, da es keinerlei größere Touristenanlagen in der Nähe gibt und auch keine fliegenden Händler oder bettelnden Kinder. Ganz in der Nähe des Hauses befindet sich ein kleiner Tempel. Das Meeresrauschen ist hier immer zu hören.

Ambiente******
In keinem anderen Haus haben wir so vollkommene Ruhe gefunden – eine wahre Oase, die durch den Privatstrand sehr exklusiv ist. Durch die typische offene Bauweise ist für eine ständige natürliche Belüftung gesorgt. Direkt vor dem Gästehaus befindet sich ein kleines Open-Air-Restaurant (zwei Tische).

Zimmer******
Die Zimmer sind sehr geräumig; sie sind geschmackvoll im indischen Stil eingerichtet und verfügen über große Betten. In jedem Zimmer steht ein Wasserkocher zur Verfügung. Vom Zimmer aus hat man eine wunderschöne Aussicht auf das Meer.

Küche******
Wer keine Kur macht, isst hier à la carte; für die Kurgäste werden die Speisen doshagerecht zubereitet. Die Küche ist sehr gut und original südindisch. Der Koch geht ganz auf die Bedürfnisse der Gäste ein und kocht mit sehr viel Liebe.

Ayurveda****
Der Ayurvedaarzt ist in der Government Klinik für Ayurveda beschäftigt und kommt auf Wunsch. Er gilt als sehr erfahren, begutachtet den Gast und legt den Ablauf der Kur fest und spricht mit dem Koch die Speisen ab und mit den Therapeuten die Anwendungen. Die Konsultationen erfolgen täglich.

Das Haus bietet einen exklusiven Service für die Panchakarma-Kurgäste, denn durch die wenigen Gäste ist eine sehr individuelle Betreuung gewährleistet. Die Masseure wirken hier nicht so überarbeitet wie in vielen anderen Häusern in Indien. Die Masseure sind sehr gut und in der Lage, tiefe Verspannungen zu lösen. Neben Panchakarma-Kuren ist es auch möglich, einzelne Ayurvedabehandlungen zu buchen.

Freizeit****
Unternehmen lassen sich Strandspaziergänge zum nahe gelegenen Tempel (400 Meter) oder in den Ort Chowara.

Besonderes
Die besondere Lage und der individuelle Service zeichnen das Haus aus.

Nikki's Nest

Azhimala Shiva Temple Road
Pulinkudi, Chowara Post
Kovalam 695521
Kerala, Indien

Zu buchen über:
Aytour
Postfach 1827
D-82308 Starnberg
Telefon +49 (0)8151 9987990
info@aytour.de
www.ayurveda-reisen.de

Eine freundliche, familiär geführte Anlage mit Guest-House-Charakter für Menschen, die es individuell mögen.

Preiskategorie: Mittel

Lage*****
»Nikkis Nest« befindet sich im Südwesten Indiens, in Kerala, nur knapp 30 Minuten vom internationalen Flughafen Trivandrum entfernt. Das Haus liegt direkt am Strand.

Ambiente*****
Das idyllische kleine Ayurveda-Resort befindet sich an einem Hügel direkt am indischen Ozean mit einer einzigartigen Aussicht über die Malabarküste. Es ist in der traditionellen Bauweise Keralas harmonisch gestaltet. Auffallend sind inmitten üppiger Vegetation und malerischer Kokospalmen besonders die vielen verschiedenen Orchideenarten, die der Besitzer des Hauses als Hobby mit viel Hingabe züchtet. Die üppige Vegetation gibt dem Resort ein besonderes Flair.

Zimmer*****
Alle Wohneinheiten sind in Cottages untergebracht; sie sind geschmackvoll eingerichtet und verfügen alle über Terrasse sowie Dusche/WC. Es wird sehr viel Wert auf die Privatsphäre der Gäste gelegt.

Küche***
Die beiden Restaurants des Resorts bieten eine vorzügliche vegetarische Küche mit doshagerechter Ernährung. Darüber hinaus werden auch köstliche indische und keralische Speisen serviert. Allerdings kann es geschehen, dass das Essen nicht mehr warm ist, wenn es auf den Tisch kommt. Von beiden Restaurants hat man einen fantastischen Blick über die Malabarküste. Der langjährige Küchenchef steht gern mit Rat und Tat bereit, wenn die Gäste die Zubereitung ayurvedischer und vegetarischer indischer Gerichte erlernen möchten.

Ayurveda ******

Angeboten werden authentische Ayurvedakuren. Das Ayurveda-Grundprogramm sieht entweder eine Verjüngungskur (Rejuvenation) oder eine Panchakarma-Kur bzw. Reinigungskur (Purification) vor. Der individuell angepasste Behandlungsablauf bis zur Abschlussuntersuchung wird vom Ayurvedaarzt festgelegt. Seit 2004 steht das Ayurvedazentrum unter der Leitung von Dr. Sasidharan, einem erfahrenen Ayurvedaarzt mit einer langjährigen Berufspraxis.
Die Arztkonsultationen finden in englischer Sprache statt.

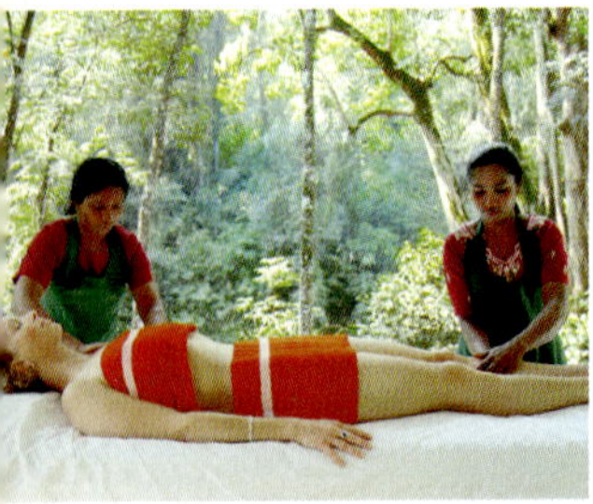

Besonderes

»Nikkis Nest« wurde 2003 vom »Department of Tourism Government of Kerala« der »Green Leaf Award« verliehen, die höchste Auszeichnung für authentisches angewandtes Ayurveda.

Paradisa Plantation Retreat

Murinjapuzha P.O.
Idukki District
Kerala, Indien

Zu buchen über:
Aytour
Postfach 1827
D-82308 Starnberg
Telefon +49 (0)8151 9987990
info@aytour.de
www.ayurveda-reisen.de

Das Haus liegt – unter dem Motto »Back to the roots« – in traumhafter Lage abgelegen inmitten der Natur. Da die Versorgung mit Elektrizität nur zu bestimmten Zeiten gewährleistet ist, stehen vorsorglich in jedem Zimmer antike Lampen und Leuchter mit Kerzen bereit. Das neu eröffnete resorteigene kleine Ayurvedazentrum wird von einem erfahrenen Ayurvedaarzt geleitet.

Preiskategorie: Hoch

Lage *****

Das Haus liegt eine sechsstündige Autofahrt vom Flughafen Trivandrum (176 Kilometer) entfernt in den Bergen der Western Ghats in Kerala auf etwa 1000 Metern über dem Meer. Ein angenehmes und gesundes Klima, grüne Hügel und sanfte Bergrücken, romantische Flüsse und die Nähe zum Periyar-Nationalpark (37 Kilometer) bestimmen den Charakter dieser Gegend.

Ambiente *****

Das ökologisch geführte Resort befindet sich in traumhafter, ruhiger und exponierter Lage mit

beeindruckendem Blick auf die umliegenden Berge und Täler. Handverlesene Antiquitäten und Kunstgegenstände verleihen dem Haus eine ganz eigene Note.

Zimmer ****

Die geräumigen Zimmer befinden sich in originalen, unterschiedlich großen Kerala-Häusern. Die mit Antiquitäten und Kunstgegenständen ausgestatteten und dekorierten traditionellen Kerala-Häuser machen den Aufenthalt hier zu einem besonderen Erlebnis.

Küche *****

Die Küche dieses persönlich geführten, serviceorientierten Hauses ist vorzüglich. Die Lebensmittel und Gewürze stammen zum Teil aus dem eigenen ökologischen Anbau. Hier wachsen Kaffee, Kardamom und viele andere exotische Gewürze und seltene Pflanzen. Die Speisen werden nach Kerala-Art zubereitet, und der Koch verrät auch gern, wie man sein Lieblingsgericht zu Hause nachkochen kann.

Ayurveda *****

Unter der Leitung eines erfahrenen Ayurvedaarztes werden einzelne Behandlungen sowie

traditionelle Ayurvedakuren angeboten: Verjüngungskuren (Rejuvenation), die mit Anfangsuntersuchung und Abschlusskonsultation insgesamt 7, 14 oder 21 Tage dauern.

Freizeit * * * * *
Es gibt viele Möglichkeiten zur Freizeitgestaltung: Wanderungen, geführte Trekkingtouren, Tagesausflüge in den 37 Kilometer entfernten Periyar-Tiger-Reserve-Nationalpark.

Besonderes
Erwähnenswert ist die abgelegene, ungestörte Lage des ökologisch geführten Resorts, die den Gästen ein besonderes Gefühl von Ursprünglichkeit und Naturnähe vermittelt. Die Versorgung mit Elektrizität ist nur zu bestimmten Zeiten gewährleistet, allerdings stehen vorsorglich in jedem Zimmer antike Lampen und Leuchter bereit, die den Aufenthalt dann zusätzlich zu einem romantischen Erlebnis machen.

Poovar Island Resort

K.P. 7/911 Pozhiyoor
Pozhiyoor P.O.
Trivandrum 695513
Kerala, Indien

Zu buchen über:
Aytour
Postfach 1827
D-82308 Starnberg
Telefon +49 (0)8151 9987990
info@aytour.de
www.ayurveda-reisen.de

Die idyllische Lage auf Poovar Island macht das Resort zu einem einzigartigen Standort. Hier kann man Körper, Geist und Seele entspannen. Das Ayurvedazentrum präsentiert sich als äußerst professionell; man setzt hier auf authentische Methoden, Individualität und persönliche intensive Betreuung.

Preiskategorie: Mittel

Lage * * * * * *
Ungefähr 45 Minuten vom internationalen Flughafen Trivandrum entfernt liegt das Dorf Poovar. Nach weiteren zehn Minuten erreicht man mit einem Boot das »Poovar Island Resort«; auf der einen Seite das Arabische Meer und auf der anderen Seite die malerische Flussmündung der »Backwaters«.

Ambiente * * * * *
Das Areal ist üppig bepflanzt mit seltener einheimischer Flora und mit Hunderten verschiedenen Gewürzarten, exotischen Blumen und Bananenstauden und Kokosnusspalmen. Die Anlage selbst ist durch die traditionelle Bauweise architektonisch wunderschön gestaltet.

Zimmer * * * * *
Gewohnt wird in den sogenannten Flowting Cottages, die aus Teakholz und Strohdächern errichtet sind und auf einer eigenen Plattform im Wasser verankert liegen. Diese ist durch eine Brücke mit der Insel verbunden. Die Cottages sind geschmackvoll und modern eingerichtet; von ihnen hat man einen herrlichen Blick auf die Flussmündung. In der Nähe des Pools und des Hauptrestaurants stehen die sogenannten Land-Cottages, die mit Dusche/Bad/WC,

Fernsehern und Klimaanlage ausgestattet sind.

Küche*****

Die Gerichte werden individuell auf die Konstitution der Gäste abgestimmt. Auf die Balancierung der Doshas wird auch bei der Ernährung großen Wert gelegt.

Ayurveda******

Das Ayurvedazentrum wird von zwei seit vielen Jahren praktizierenden, qualifizierten Ayurvedaärzten geleitet, die von etlichen Therapeuten unterstützt werden. Angeboten werden unter anderem Verjüngungskuren, Panchakarma-Kuren, Stress-Management-Therapien.

Freizeit*****

Das Hotel bietet unter anderem Touren nach Trivandrum, Kovalam und nach Kanyakumari, zur Südspitze Indiens und zu Teeplantagen an.

Sree Sankara Gardens Ayurvedic Hospital

Pampupara P.O.
Anakkara (Kumily)
Kerala, Indien
Telefon +91 (0)4868 282322
sscac@md2.vsnl.net.in
www.sreesankara.com

Ein Ort für qualitativ hochwertige Kuren in entspannter Atmosphäre. Das Resort wurde von der indischen Regierung für authentisches Ayurveda ausgezeichnet.

Preiskategorie: Mittel

Lage****

Vom Flughafen Cochin sind es viereinhalb Stunden, von Trivandrum fünf Stunden bis zum Resort. Man wird mit dem Taxi abgeholt, muss aber extra für den Transport aufkommen (etwa 75 Euro). Das Haus selbst liegt inmitten von tropischen Laubwäldern, Tee- und Kautschukplantagen, am Rand des Periyar-Wildschutzgebiets, in der Nähe des Städtchens Kumily.

Ambiente***

Das Ambiente ist einfach, aber ansprechend. Das Haus ist umgeben von viel Grün, daher vermittelt es sofort eine erholsame Atmosphäre.

Zimmer*****

Die Zimmer sind geschmackvoll eingerichtet. Hier kann man zur Ruhe kommen und sich wohl fühlen. Die Doppelzimmer verfügen über ein Bad und einen eigenen Behandlungsraum mit traditionellem Behandlungsbett.

Küche*****

Je nach Behandlungsplan bekommt der Gast hier entweder Wasser oder Kräutertee oder heißes Wasser zu trinken. Die Küche ist streng vegetarisch.

Ayurveda*****

Im »Sree Sankara Gardens« arbeiten zwei zertifizierte Ayurvedaärzte und zwölf Masseure, die von dem Ärzteteam ein Jahr lang ausgebildet wurden. Das Ayurvedakurangebot wird individuell abgestimmt, eine ayurvedische Diagnostik vorgenommen und ayurvedisches Essen zube-

reitet. Die Behandlungsräume, die sich innerhalb der Apartments befinden, sind spartanisch und mit Fliesen ausgelegt und erinnern an Badezimmer. Die beiden Dampfbäder sind für alle Gäste zugänglich.

Freizeit******
Es werden zahlreiche Workshops angeboten, unter anderem philosophische Seminare und Kochkurse. Darüber hinaus gibt es Abendprogramme wie Kathakali-Tanz und Sitar-Konzerte. Es werden auch Ausflüge in die Umgebung organisiert, zum Beispiel eine Besichtigung der »Factory«, in der ayurvedische Medikamente hergestellt werden, oder eine Fahrt in das Periyar-Wildschutzgebiet. Dort gibt es seltene Pflanzen, Vogelarten, tropische Wälder und einen großen See – ein Dorado für alle Naturliebhaber. Die Ausflüge finden aufgrund des hohen medizinischen Anspruchs nur in Abstimmung mit dem individuellen Therapieplan statt.

Somatheeram Ayurvedic Beach Resort

Chowara P.O.
South of Kovalam
Trivandrum 695 501
Kerala, Indien
Telefon +91 (0)471 2268101
www.somatheeram.com
somatheeram@vsnl.com

Zu buchen über:
Aytour
Postfach 1827
D-82308 Starnberg
Telefon +49 (0)8151 9987990
info@aytour.de
www.ayurveda-reisen.de

Ein Ayurveda-Resort mit Clubcharakter und internationalem Flair. Das »Somatheeram« wurde bereits mehrfach mit dem Kerala State Tourism Award als bestes Ayurveda-Resort ausgezeichnet.

Preiskategorie: Hoch

Lage****
Das »Somatheeram« und sein angrenzendes Schwester-Resort »Manaltheeram« liegen 21 Kilometer vom internationalen Flughafen Trivandrum entfernt, abseits des Massentourismus.

Ambiente*****
An einem von Palmen gesäumten feinsandigen Strand schmiegt sich die weitläufige Anlage an einen Hang mit tropischen Pflanzen. »Manaltheeram« und »Somatheeram« gehen ineinander über, wobei Letzteres mehr Platz bietet und exklusiver ausgestattet ist. Es herrscht Clubatmosphäre. Die malerischen Bungalows und das Rauschen des Meeres laden zu vollkommener Entspannung ein.

Zimmer****
Einfache, aber geschmackvoll eingerichtete Unterkünfte.

Küche*****
Reichhaltiges Büfett mit großer Auswahl schmackhafter Speisen und mit Kennzeichnung der Doshas. Es ist auch möglich, à la carte zu speisen.

Ayurveda******
Das Angebot an ayurvedischen Behandlungen ist sehr vielseitig. Nach einer ausführlichen Diagnose wird man täglich von den Ärzten betreut, die die verordneten Behandlungen gegebenenfalls der aktuellen Konstitution anpassen.
Das geschulte und erfahrene Ärzteteam ist in Indien bekannt und mit dem Kerala State Award ausgezeichnet. Sie sorgen gemeinsam mit den zahlreichen Therapeuten für eine optimale ayurvedische Betreuung. Angeboten wird unter anderem eine Ayurveda-Reinigungskur. Auf Anfrage vor Ort können einzelne Anwendungen gebucht werden, um Ayurveda kennen zu lernen. Die Ärzte greifen auf Medizinen zurück, die speziell

für die Gäste hergestellt werden.
Die separat gelegene Ayurvedaabteilung verfügt über großzügige Massageräume. Die Qualität der ayurvedischen Massagen ließ später am Tag nach, was wir auf eine mögliche Übermüdung und Überarbeitung der Therapeuten nach einem langen Arbeitstag in einem komplett ausgebuchten Haus zurückführten.

Freizeit * * * * *
Es werden Ausflüge zu den verschiedenen Sehenswürdigkeiten rund um Trivandrum und in das Periyar-Wildreservat organisiert, ebenso Hausbootfahrten in den »Backwaters«.

Besonderes
Das Haus bietet, sowohl was das Ambiente als auch was das Ayurveda betrifft, einen hohen Standard.

Erwähnenswert
Einige Behandlungen und Yoga sind nicht im Preis inbegriffen. Aus diesem Grund sollte man auf jeden Fall abklären, was die Kur beinhaltet, sonst muss man am Ende tiefer in die Tasche greifen, als geplant war.

Ayurvedakliniken

The Arya Vaidya Chikitsalayam & Research Institute

136–137 Trichy Road,
Ramanathpuram
Coimbatore 641045,
Tamil Nadu
Kerala, Indien
Telefon +91 (0)422 2315412
ayurveda@vsnl.com
www.avpayurveda.com

Preiskategorie: Mittel

Das Haus liegt in Coimbatore. Trotz seiner zentralen Lage ist es hier sehr ruhig.
Die Arya Vaidya Pharmacy (Coimbatore) Ltd. (AVP) wurde 1943 von Arya Vaidyan P. V. Rama Variar gegründet. Unter seiner Leitung machte sich die AVP-Gruppe besonders verdient um traditionelles Ayurveda und die Herstellung von ayurvedischen Produkten und ayurvedischer Medizin.
Die Klinik mit 120 Betten hat sich auf die traditionelle Ölmassage aus Kerala spezialisiert. Gute Heilerfolge wurden unter anderem bei rheumatischer Arthritis, bei Schlafstörungen und bei Migräne erzielt. Angeboten werden traditionelles Panchakarma und alle krankheitsspezifischen Behandlungen. Der gute medizinische Ruf des Hauses lässt Patienten aus der ganzen Welt hierher kommen.
Zum Unternehmen gehören noch weitere Kliniken in Indien, von denen einige mit der erstklassigen Taj-Hotelgruppe kooperieren. Auch dort werden Panchakarma-Kuren durchgeführt. Weitere Informationen dazu unter: www.tajhotels.com.

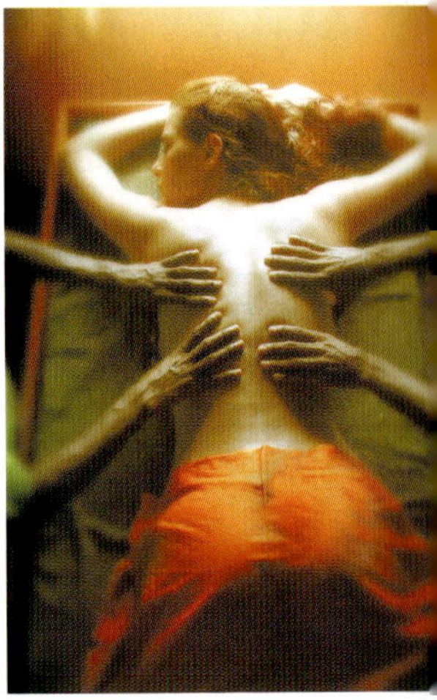

Keraleeya Ayurveda Samajam

Hospital & Nursing Home
Shoranur 679123
Palakkad District
Kerala, Südindien
Telefon +91 (0)3192 24445
oder 233931
keraleeyasamajam@
sancharnet.in
www.keraleeyasamajam.org

Preiskategorie: Mittel

Das Keraleeya Ayurveda Samajam Hospital und Research Centre mit ausgezeichnetem medizinischen Ruf liegt ruhig in Shornur, Kerala, am Ufer des Flusses Bharathapuzha. Das Haus wurde 1913 von Shri K.R. Padmanabha Iyer gegründet. Es werden sowohl traditionelle Panchakarma-Kuren durchgeführt als auch krankheitsspezifische Behandlungen, wobei Medizinen aus der eigenen Produktion verwendet werden. Die Apotheke mutet sehr urtümlich an; hier wird die Medizin noch in riesigen Pfannen und Töpfen über dem Holzfeuer geköchelt. Das Zentrum konzentriert sich auf die Erhaltung der ayurvedischen Weisheit, wozu außergewöhnliche Persönlichkeiten aus dem Ayurveda beitragen.

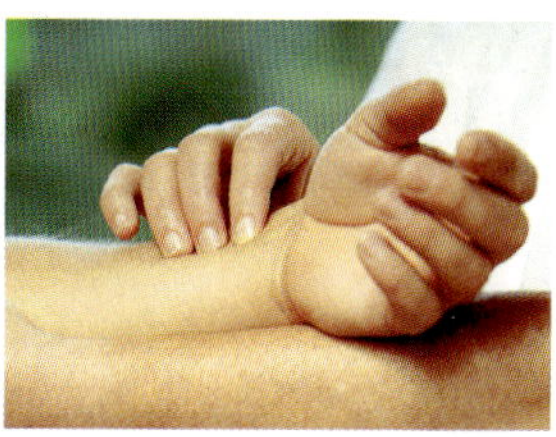

Arya Vaidya Sala

Vaidyaratnam P. S. Varier's
Arya Vaidya Sala, Kottakkal
676503
Kerala, Indien
Telefon +91 (0)483 2742216
mail@aryavaidyasala.com
www.aryavaidyasala.com

Preiskategorie: Mittel

»Arya Vaidya« Sala wurde 1902 von Vaidyaratnam P.S. Varier gegründet; sie ist eine der ältesten Ayurvedakliniken Indiens. Gleichzeitig wird hier auch Ayurvedamedizin hergestellt, wobei man sich auf Öle spezialisiert hat.
Die Klinik gilt als eine der besten Indiens. In den letzten Jahren sind Erweiterungsmaßnahmen vorgenommen worden, sodass sie jetzt über mehrere große Klinikblöcke mit vielen Zimmern verfügt. Die ganze Anlage sowie die Einrichtung der Zimmer ist sehr einfach und indisch funktional – für die meisten Europäer sehr gewöhnungsbedürftig.

Hervorzuheben ist auch, dass täglich ein paar hundert bedürftige Menschen kostenlos beraten und behandelt werden.

Dhanwanthari Ayurveda Bhavan

M/s. Dhanwanthari Ayurvedic
Centre
Kalpaka Bungalow, Thevara,
College Road, Cochin 15,
Ernakulam
Telefon +91 (0)484 2665290
dhanwayur@yahoo.com
www.dhanwanthari.com

Preiskategorie: Mittel

Das Dhanwanthari Ayurvedic Centre befindet sich in Ernakulam, 70 Kilometer vom International Airport Cochin entfernt. Das Zentrum liegt ruhig in der Nähe eines alten Dhanwanthari-Tempels, der dem Gott der Heilkunst, der das Ayurveda offenbarte, gewidmet ist.

Das Dhanwanthari Ayurvedic Centre ist ein Privatunternehmen, in dem verschiedene Ayurvedatherapeuten arbeiten. Angeboten werden unter anderem Panchakarma-Kuren, Rasayana, Hydrotherapien, therapeutisches Yoga. Die von den Ärzten verordneten Anwendungen werden professionell durchgeführt. Störend war allerdings während der Behandlungen die Geräuschkulisse durch laut sprechendes Personal direkt vor dem Fenster des Behandlungszimmers. Diese Geräuschku-

lisse störte darüber hinaus auch tagsüber die Ruhe im eigenen Zimmer.
Unverständlich ist der hohe Anteil an Rohkost am Abend, was nicht nur bei uns zu Blähungen führte. Rohkost ist nach allgemeiner ayurvedischer Lehrmeinung am Abend kontraindiziert und während einer Panchakarma-Kur nicht zu empfehlen.

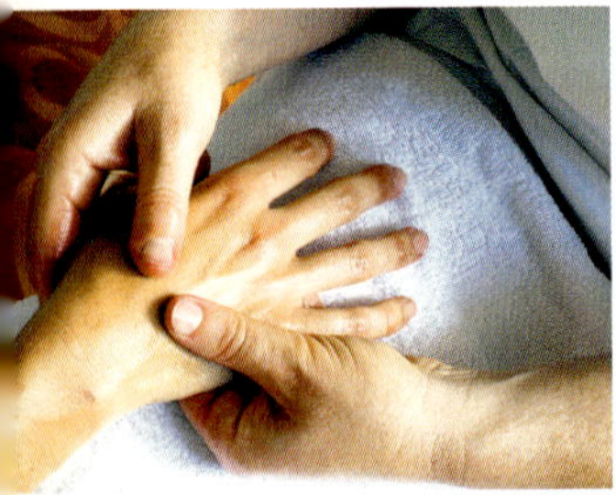

Der Yogaunterricht wurde von einem sehr beweglichen jungen Mann als Yogameister gehalten, der sich allerdings weder ein Bild von den körperlichen Fähigkeiten seiner Schüler machte, noch ihre Fehlstellungen korrigierte.

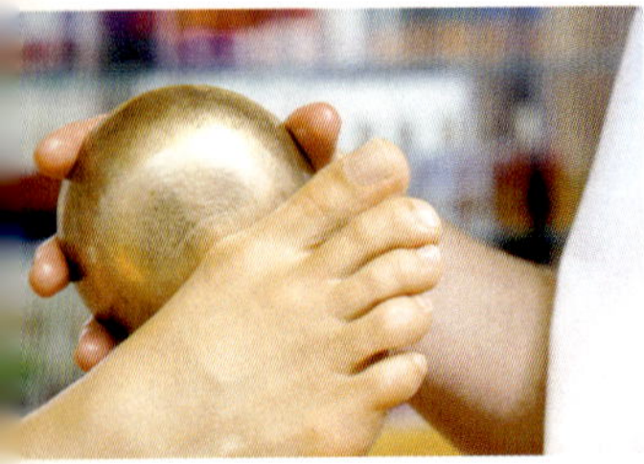

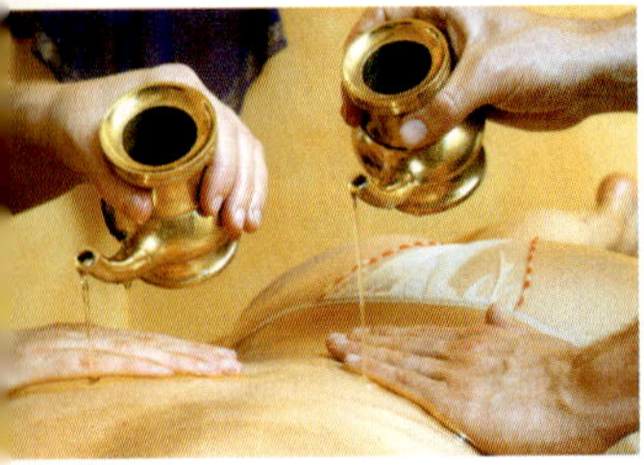

Poonthottam Ayurved Asram

Kulakkad
Palakkad 679503
Kerala, Indien
Telefon +91(0)466 2285934
poonthottam@sancharnet.in
www.poonthottam.org

Preiskategorie: Mittel

Das »Poonthottam Ayurveda Ashram« liegt abgeschieden in der Nähe des Dorfes Cherpulassery im Palakkad District in Kerala.

Die Klinik nimmt nur Gäste mit behandlungsbedürftigen Beschwerden auf. Hier werden Panchakarma-Kuren nur zu Heilzwecken angeboten.
Auf dem Gelände gibt es eine Kantine, in der es ausschließlich vegetarisches Essen gibt.

Die ayurvedischen Therapien werden mit Yoga, Kalari und Tantra unterstützt. Die Yogahalle steht wie traditionell üblich frei auf dem Gelände. Einmal im Monat wird eine Pooja oder Puja, eine spezielle religiöse Zeremonie abgehalten, die auf tantrischer Tradition beruht.

Das Center ist Teil eines Klinik-Forschungs-Netzwerks und wird unterstützt vom Center for Ayurvedic Research and Development (CARD) in Thrissur.

Da der Schwerpunkt des Hauses auf dem Klinikbetrieb liegt, gibt es hier kein Freizeitangebot.

Rajah Ayurvedic Hospital

Das »Rajah Ayurvedic Hospital« besteht aus den drei Zentren »Rajah Healthy Acres«, »Rajah Healthy Island« und »Rajah Beach«. Im Folgenden werden zwei Zentren vorgestellt:

Rajah Healthy Acres

Perumanoor, Chalissery
Palakkad District
Kerala, Indien
Telefon +91 (0)466 2371741
ayurcenter@ayurveda-in.com
www.ayurvedichospital.com

Auch zu buchen über:
Aytour
Postfach 1827
D-82308 Starnberg
Telefon +49 (0)8151 9987990
info@aytour.de
www.ayurveda-reisen.de

Preiskategorie: Hoch

Das »Rajah Healthy Acres Hospital« befindet sich in Kottanaad, etwa zwei Autostunden vom internationalen Flughafen Cochin entfernt.

Die hier vorhandenen Wohneinheiten reichen von einfachen Zimmern bis zu Cottages mit

Klimaanlage, Telefon, Veranda, Küchenzeile und eigenem Behandlungsraum.

Anwendungen im »Rajah Healthy Acres« beinhalten pro Tag eine »große« Behandlung (Elakizzi, Shirodhara o.ä.) und eine »kleine« Behandlung (Gesichtspackung usw.). Es werden täglich Yoga und Meditation angeboten.
Im Gegensatz zu anderen Häusern werden weiterführende Behandlungen berechnet. Die Besonderheit im »Rajah Healthy Acres« besteht darin, dass man sich teilweise in den zu den Wohneinheiten zugehörigen Räumlichkeiten behandeln lassen kann.

Rajah Healthy Island

Orumanayoor P.O., Chettuva
Thrissur 680512
Kerala, Indien
Telefon +91 (0)487 2556425
rha1@vsnl.com
ayurcenter@ayurveda-in.com
www.ayurvedichospital.com

»Rajah Healthy Island« liegt in Chettuva, etwa eineinhalb Autostunden vom Flughafen Cochin entfernt. Zum Selbstkostenpreis kann man sich nach vorheriger Anmeldung abholen lassen.

Die Atmosphäre hier ist wohltuend: Wasser ringsum, da sich Rajah Island auf den Ausläufern der »Backwaters« befindet. Morgens hört man den Imam vom Festland, aber ansonsten ist es hier ruhig. Man ist nur von Palmen umgeben und blickt überall in saftiges Grün. Die Zimmer sind sehr geschmackvoll, aber einfach eingerichtet und sehr sauber. Es gibt einen neuen Behandlungskomplex, dessen fünf Behandlungsräume farblich den fünf Elementen zugeordnet sind. So ist der Wasserraum in Blautönen gehalten, der Erdraum in Brauntönen, der Luftraum ist in Ocker abgestimmt, der Feuerraum in Bordeaux, und der Ätherraum ist in Blaugrün gehalten.

Die meisten Gäste nehmen schon von zu Hause Verbindung mit den Ärzten auf. So können sich die Ärzte im Vorfeld auf jeden Patienten einstellen. Nach der Ankunft der Gäste wird eine gründliche Anamnese vorgenommen, und die entsprechenden Behandlungen werden individuell auf den Gast abgestimmt.

Es werden Bootstouren organisiert; man kann sich nach Guruvayur fahren lassen, einen alten Pilgerort mit einem alten Krishna-Tempel.

Sreedhareeyam Ayurveda Gaveshana Kendram

Nelliakattu Mana
Kizhakombu
Koothattukulam 686662
Indien
Telefon +91 (0)485 2253007
info@sreedhareeyam.com
www.sreedhareeyam.com

Preiskategorie: Mittel

»Sreedhareeyam Ayurveda Gaveshana Kendram« liegt in Koothattukulam im Ernakulam District. Der nächste Flughafen ist der 50 Kilometer entfernte Nedumbassery International Airport; der nächste Bahnhof ist Kottayam, 40 Kilometer entfernt.
Das Haus wurde von Nellikattu Mana, der einer Namboodiri-Familie entstammt, begründet. Es existiert seit 1999 und hat sich zum Ziel gesetzt, bestes Ayurveda anzubieten.
Hier wird Ayurveda bei vielen Krankheiten eingesetzt; einen besonderen Namen hat sich die Klinik bei der Behandlung von

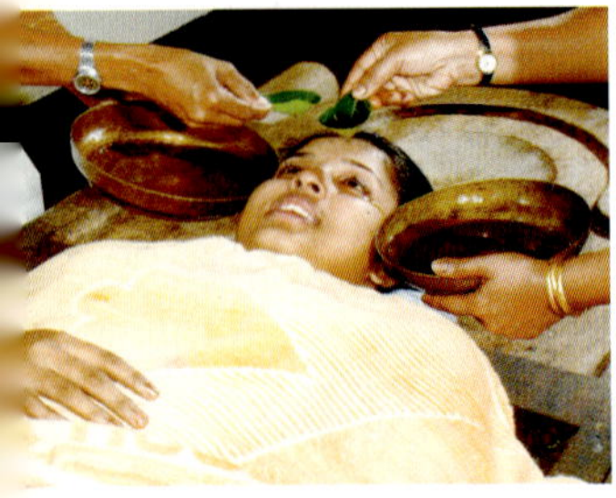

Augenkrankheiten gemacht. Die für die Behandlungen notwendige Medizin wird in der eigenen Manufaktur Ulpadhana Vibhaagam hergestellt.

Sree Sankara Ayurveda Hospital

Sree Sankara Buildings
Mannam Road, Perunna P.O.
Changanacherry 686102
Kerala, Indien
Telefon +91 (0)481 401154
sscac@md2.vsnl.net.in
www.sreesankara.com

Preiskategorie: Mittel

»Sree Sankara Ayurveda Vaidyasala« liegt in Perunna, einem kleinen Ort zwei Stunden vom Flughafen Kochi und drei Stunden vom Flughafen Trivandrum entfernt.

Angeboten werden authentische Panchakarma-Kuren, sämtliche ayurvedische Spezialbehandlungen aus Kerala und alle krankheitsspezifischen Behandlungen. Die Kuren, die hier durchgeführt werden, dauern im Regelfall zwischen vier und zwölf Wochen.

Das Haus hat medizinisch einen sehr guten Ruf; besonders erfolgreich werden rheumatische Arthritis, Lähmungen und multiple Sklerose behandelt. Einen besonderen Namen hat es sich bei der Behandlung von Morbus Bechterew gemacht.

»Sree Sankara« stellt seine Medizin selbst her.

Neben der Klinik in Changanacherry hat »Sree Sankara« noch weitere Häuser in Delhi, Goa, Kochi, Trivandrum und Khajuraho.

Ashtavaidyan Thaikkattu Mooss Vaidyaratnam Oushadhasala

Olur, Thaikkattussery
Thrissur 680322
Kerala, Indien
Telefon +91 (0)487 2352338
mail@vaidyaratnammooss.com
www.vaidyaratnammooss.com

Preiskategorie: Mittel

»Ashtanvaidyan Thaikkattu Mooss« liegt in Thrissur, Kerala. Die Klinik selbst befindet sich in ruhiger Lage. Die Zimmer sind für westliche Ansprüche durchaus akzeptabel, haben sogar Fernseher und sind eine Mischung aus einfachem Hotel- und Klinikzimmer.

Das Haus wurde von Vaidyaratnam Narayanam Mooss begründet. Er beruft sich auf die legendäre Asthavaidya-Tradition, eine uralte Familientradition von Vaidyas (Astha = acht, Vaidyas = Ayurvedagelehrte), die seit Urzeiten als Hüter und Überlieferer der Ayurvedatradition in Kerala gelten. Ursprünglich gab es acht Familien, die jeweils für das Weiterführen einer der acht Zweige des Ayurveda, zum Beispiel Kinderheilkunde, Toxikologie, Gerontologie, innere Medizin, verantwortlich waren.

Das Haus ist eine traditionelle Ayurvedaklinik mit gutem Ruf; sie bietet authentisches medizinisches Panchakarma und behandelt darüber hinaus weitere Krankheiten auf traditionelle ayurvedische Weise. Ein wichtiger Bereich ist auch die Forschung. Dazu zählen unter anderem Untersuchungen zu Hepatitis B und Asthma.

»Ashtanvaidyan Thaikkattu Mooss« produziert eigene Medizin und exportiert diese auch. Zur Klinik gehören einige Praxen im In- und Ausland.

Nagarjuna Ayurvedic Centre

Kalady 683550
Kerala, Indien
Telefon +91 (0)484 2463350
nagarjuna@vsnl.com
www.nagarjun.com
Preiskategorie: Mittel

Das »Nagarjuna Ayurvedic Centre« liegt direkt am Ufer des Flusses Periyar, zehn Kilometer vom internationalen Flughafen in Cochin (Kochi) entfernt. Gelegentlich fliegen ein paar Flugzeuge über das Zentrum, ansonsten ist es hier sehr ruhig.

Die Panchakarma-Kuren werden ganz traditionell durchgeführt; verwendet werden Präparate aus eigener Herstellung. Neben der Behandlung wird auch sehr fürsorglich auf den einzelnen Gast eingegangen.

Der Chefarzt Dr. K. Krishnan Namboodiri war bereits einige Male in Europa, um einerseits sein Wissen weiterzugeben und andererseits auch die Ess- und Lebensgewohnheiten der Europäer kennen- und verstehen zu lernen, um besser auf sie in der Behandlung eingehen zu können.

Zurzeit wird an einer anderen Stelle des Flusses in absolut ruhiger Lage eine Zweigstelle des Zentrums erbaut, die 2006 eröffnet werden soll.

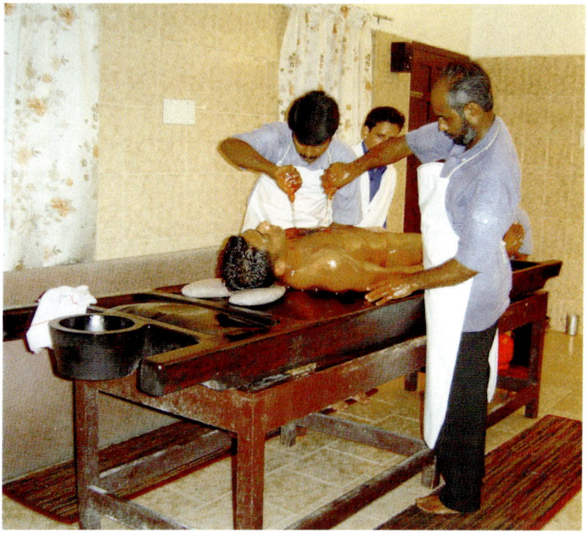

Ayurvedahäuser auf Sri Lanka

Wellness-Ayurveda und Ayurveda pur

Hotel Aida Bentota

Mangala Mawatha
SLR Bentota, Sri Lanka

Zu buchen über:
Aytour
Postfach 1827
D-82308 Starnberg
Telefon +49 (0)8151 9987990
info@aytour.de
www.ayurveda-reisen.de

Eine renommiertes Haus mit luxuriösem Ambiente. Die professionell durchgeführten Kuren sind vorwiegend der Reinigung und Regeneration gewidmet.

Preiskategorie: Mittel

Lage*****
Der Ort Bentota am gleichnamigen Fluss liegt rund 80 Kilometer südlich von Colombo. Die Hotelanlage Aida befindet sich nahe der Flussmündung ins Meer. Eine unweit des Hotels über den Fluss führende Eisenbahn- und Autobrücke sorgt für eine ständige Geräuschkulisse, die zwar innerhalb der Anlage und in den Behandlungsarealen nicht zu hören ist, wohl aber in den flusswärts gelegenen Zimmern.

Ambiente*****
Innerhalb der sehr gepflegten Anlage gibt es viele grüne Oasen mit Brunnen und tropischen Pflanzen. Das Hotel ist in traditionell ceylonesischer Bauweise errichtet und besteht aus mehreren großzügig gestalteten Gebäudeeinheiten. Das Interieur ist komfortabel und sehr geschmackvoll eingerichtet; besonders hervorzuheben sind das zum Pool hin offene Ayurveda-Restaurant und das allgemeine Restaurant mit einem wunderschönen Blick auf den Fluss.

Zimmer****
Die Einrichtung der Zimmer ist komfortabel und geschmackvoll. Die Bäder sind geräumig und die Duschabteile großzügig bemessen. Es wird großer Wert auf Pflege und Sauberkeit gelegt. In den »Riverside«-Zimmern laden große Balkons zum Ruhen und Genießen der Aussicht ein.

Küche***
Für die Ayurvedagäste gibt es eigene Restaurants. Die Speisen sind entsprechend den Doshas gekennzeichnet. Oft ist ein Arzt oder ein Dolmetscher vor Ort, um Ratschläge bezüglich der Speisenauswahl zu geben. Die Speisen waren bei unserem Besuch nicht sehr abwechslungsreich gewürzt.

Ayurveda*****
Im Hotel Aida Bentota werden generell nur Ayurvedakuren durchgeführt, mit einer üblichen Kurdauer von zwei bis drei Wo-

chen. Es gibt hier keine Möglichkeit, nur Wellness-Ayurveda zu machen. Die Kur wird individuell auf den einzelnen Gast abgestimmt. Es gibt zwei Ärzte, von denen immer einer präsent ist. Der leitende Arzt des Hauses stammt aus einer Familie mit langer Ayurvedatradition.
Vor der Erstkonsultation muss man einen ausführlichen Fragebogen ausfüllen. Bei der Erstkonsultation ist bei Bedarf ein Dolmetscher anwesend. Der Arzt nimmt sich für die Anamnese, die Untersuchung und die Dosha-Bestimmung sehr viel Zeit und legt dann die Behandlungen fest. Vor jeder Behandlung kann der Patient dem Arzt aktuelle Befindlichkeitsprobleme schildern, worauf dieser gegebenenfalls die Behandlungen bzw. den Behandlungsablauf ändert. Die Therapeutinnen und Therapeuten des Hauses haben ihre Grundausbildung an einer Ayurvedaschule in Colombo absolviert. Bei Synchronbehandlungen wurde in guter Übereinstimmung gearbeitet. Nach Möglichkeit sind immer dieselben bei-den Therapeuten mit einem Gast beschäftigt; sie arbeiten in den

zweistündigen Behandlungen abwechselnd, zum Beispiel übernimmt zunächst einer die Kopfmassage, der andere dann die Fußmassage.

Freizeit * * * * * *
Von Bentota aus lassen sich verschiedenste Ausflüge unternehmen: nach Colombo oder nach Süden der Küstenstraße entlang, mehrstündige Flussbootsfahrten durch die Mangrovenwälder oder ein Besuch der alten, versteckt im Dschungel liegenden Buddhatempel. In fünf Gehminuten vom Hotel ist man am schönen, feinsandigen kilometerlangen Strand von Bentota.

Besonderes
Innerhalb der Hotelanlage befinden sich eine sehr interessante Edelsteinschleiferei, ein exklusives Schmuckgeschäft sowie Läden mit Souvenirs, Kleidung, Schals usw.

Erwähnenswert
Wenn man in der hauseigenen Apotheke Medikamente kauft, sind zusätzlich 10 Prozent Servicegebühr zu bezahlen.

Hotel Aida Induruwa

Galle road
Yalagama
Induruwa, Sri Lanka

Zu buchen über:
Aytour
Postfach 1827
D-82308 Starnberg
Telefon +49 (0)8151 9987990
info@aytour.de
www.ayurveda-reisen.de

Dieses Hotel gehört zum »Aida Bentota Ayurveda Resort«; die beiden Häuser liegen acht Kilometer voneinander entfernt. Das »Aida Induruwa« liegt direkt an einem der Traumstrände Sri Lankas. Hier werden ausschließlich Panchakarma-Kuren durchgeführt.

Preiskategorie: Mittel

Lage * * * * *
Der Eingang des Hauses geht zur lebhaften Küstenstraße hinaus, deren Straßenlärm von manchen Zimmern aus zu hören ist. Das Meeresrauschen begleitet den Gast aber Tag und Nacht und vermag die Straßengeräusche zeitweise zu überdecken.

Ambiente * * * * *
Das Resort liegt unmittelbar am weitläufigen Sandstrand und bietet ein sehr individuelles und – trotz einfacher, natürlicher Ausstattung – feines Ambiente. Das Haus hat lediglich zehn Zimmer mit einer familiären, individuellen Atmosphäre. Die Anlage ist relativ klein, sodass mitunter ein Gefühl der Beengung auftreten kann.

Zimmer * * * * * *
In den Zimmern fühlt man sich vom ersten Augenblick an sehr wohl. Sie sind groß, mit einer ebenfalls großen Loggia und einem wunderbaren Blick auf das Meer, sodass man sich hier sehr gut entspannen kann.

Küche * * * * * *
Für die drei täglichen Mahlzeiten gibt es jeweils hübsch und appetitlich zusammengestellte Büfetts mit Speisen und Lebensmitteln ausgezeichneter Qualität. Obst ist jederzeit erhältlich. Die spezifische Ayurvedaernährung ist von sehr guter Qualität. Es stehen immer auch Speisen mit Fisch bzw. Fleisch zur Auswahl; sogar zum Frühstück gibt es bereits ein Fischcurry. Gäste des »Aida-Indu-

ruwa« können auch im »Aida Bentota« das Dinner einnehmen und umgekehrt.

Ayurveda * * * * *

Die Kurdauer beträgt hier zwei bis drei Wochen. Die erfahrene Ärztin garantiert eine aufmerksame, individuelle Betreuung und ist immer für die Gäste ansprechbar. Erstkonsultation, Anamnese und die Dosha-Bestimmung werden sorgfältig durchgeführt. Welche Behandlungen, wie viele und in welcher Abfolge erfolgen, wird am Tag der Erstkonsultation festgelegt. Anschließend werden die Gäste nicht mehr täglich nach körperlichen Beschwerden befragt; vielmehr liegt es am Gast selbst, vor den täglichen Behandlungen den Arzt zu konsultieren, um eventuelle gesundheitliche Probleme anzusprechen, damit der Behandlungsverlauf entsprechend abgestimmt bzw. geändert werden kann. Die Masseure und Masseurinnen sind an einer Ayurveda-Massageschule ausgebildet und werden im Haus weiter ausgebildet. Die Behandlungsräume sind sehr groß, ruhig und einfach ausgestattet; sie strahlen eine sehr entspannende, authentische Atmosphäre aus. Es stehen ein klassisches Dampfbad, eine Kräuterbadewanne und ein Kräuter-Sauna-Pavillon zur Verfügung.

Freizeit * * * * * *

Der weitläufige Sandstrand lädt zu kilometerlangen Spaziergängen ein. In der Umgebung gibt es mehrere Tempel und Klöster, in denen Meditationen angeboten werden. Auf dem nahe gelegenen Bentotafluss kann man organisierte Bootsausflüge unternehmen. Oder man mietet eine Rikscha und fährt auf eigene Faust los.

Ayurvedic Health Care Resorts Greystones

Greystones Villa
Diyatalawa
UVA District
Sri Lanka
Telefon +94 (0)57 2229088

Auch zu buchen über:
Nandhi Ayurvedic Therapies
Christophstraße 5
D-70178 Stuttgart
Telefon +49 (0)711 2348144
info@greystones-villa.de
www.greystones-villa.de

Die »Greystones Villa« war das erste Ayurvedakurzentrum in Sri Lanka, das von der Regierung zur Durchführung von ayurvedischen Panchakarma-Kuren für Europäer anerkannt wurde. Auch heute steht das Haus im Ruf, sehr ursprüngliche Panchakarma-Kuren anzubieten. Das Hotel liegt idyllisch inmitten einer Berglandschaft, die als die Schweiz Sri Lankas bezeichnet wird. Der Ausblick vom Haus auf die Berge kann besonders in der Abenddämmerung äußerst romantisch sein. Einziger Wermutstropfen: Leider hört man das Schießen aus der drei Kilometer entfernten Militärakademie, manchmal den ganzen Tag über. Und leider wird man jeden Morgen durch den Gebetsruf eines buddhistischen Klosters geweckt.

Preiskategorie: Mittel

Lage * *

Das Haus liegt auf einer Höhe von 1400 Metern über Meer im landschaftlich reizvollen südöstlichen Bergland Sri Lankas. Das warme, trockene Heilklima des Hochlandes wird von den Europäern im Gegensatz zu dem tropischen Klima am Meer sehr geschätzt. Wegen der günstigen klimatischen Bedingungen errichteten die Briten hier bereits in den vierziger Jahren des letzten Jahrhunderts in dem kleinen Ort Diyatalawa, unweit der »Greystones Villa«, ein Lazarett zur Rekonvaleszenz der in Asien verwundeten Soldaten des Empire. Heute ist in den Anlagen die sri-lankische Militärakademie unterbracht, deren gelegentliche Schießübungen leider vom Resort aus zu hören sind.

Ambiente * * * * *

Die Villa ist im englischen Stil gebaut und eingerichtet; sie erinnert an vergangene englische Kolonialzeiten. Besonders behaglich ist es, wenn ein Feuer im Kamin des Foyers brennt, was mitunter notwendig ist, weil es in den Bergen sehr frisch werden kann.

Zimmer * * * *

Die Zimmer befinden sich in der Villa oder in der angeschlossenen Dépendance. Da die Dépendance primär funktional ausgestattet ist, empfiehlt es sich, in der Villa zu logieren.

Küche * * * * * *

Die Verpflegung entspricht den besonderen Anforderungen einer ayurvedischen Panchakarma-Kur. Die vegetarische Küche ist sehr bekömmlich und darüber hinaus sehr wohlschmeckend.

Ayurveda * * * * *

Die Kuren werden mit erfahrenen ayurvedischen Ärztinnen und Ärzten nach den Richtlinien des Ayurveda durchgeführt: Erstuntersuchung, Vorbehandlungen, Hauptbehandlungen und Empfehlungen zur Nachkur. Während der Kur bekommt man der eigenen Konstitution entsprechend verschiedene Anwendungen wie Ganzkörpermassagen, Kräuterdampfbäder, Kräuterreinigungen mit Kräuterbüscheln und Nasen- oder Stirnölbehandlungen. Die Öle werden nach klassischen Rezepten unter Verwendung verschiedener Heilpflanzen hergestellt, die teilweise im eigenen Garten wachsen.

Freizeit * * * *

Das Haus arrangiert verschiedene Ausflüge, zum Beispiel den Besuch einer Bio-Teeplantage oder eines beeindruckenden Wasserfalls in wunderschöner Naturlandschaft. Bei einer ayurvedischen Kochdemonstration wird den Gästen gezeigt, mit welchen Zutaten und wie die Gerichte zubereitet werden.

Besonderes

Herbert Wolter, ein deutscher Yogalehrer, der häufig in der »Greystones Villa« unterrichtet, ist ein wahres Juwel unter den Yogalehrern. Er besitzt eine außergewöhnliche Fähigkeit, durch das morgens und abends während der ganzen Kur angebotene Yoga bei den Teilnehmern tiefe Transformationen zu bewirken.

Ayurveda Center Lawrence Hill Paradise

47 Waulagoda
Hikkaduwa, Sri Lanka
Telefon +94 (0)91 2277544
info@ayurvedakurlaub.de
www.ayurvedakurlaub.com

Zu buchen über:
Aytour
Postfach 1827
D-82308 Starnberg
Telefon +49 (0)8151 9987990
info@aytour.de
www.ayurveda-reisen.de

Vom Resort hat man einen beeindruckenden Blick auf den Tropenwald. Der Schwerpunkt des Hauses liegt auf ganzheitlichem, authentischem Ayurveda mit der entsprechenden Ernährung. Das Haus ist auch sonst um Ganzheitlichkeit bemüht. Man arbeitet hier umweltbewusst mit Sonnenenergie.

Preiskategorie: Mittel

Lage *****
Das Resort liegt eingebettet in einen Blumen- und Palmengarten auf einer kleinen Anhöhe direkt über Hikkaduwa – einem traditionellen Fischerdorf an der Südwestküste Sri Lankas. Zum Strand geht man fünf Minuten. Auf der Anlage herrscht eine angenehm ruhige Atmosphäre. Allerdings muss man mit gelegentlichem Lärm aus Nachbarhäusern, mit Hundegebell und mit Geräuschen der in der Nähe vorbeifahrenden Eisenbahn rechnen.

Ambiente ******
In der Anlage fühlt man sich sehr wohl, kommt zur Ruhe und genießt das geschmackvolle Ambiente. Alles ist sehr sauber. Die 17 Wohneinheiten verteilen sich auf mehrere zweigeschossige Gebäude. Darüber hinaus gibt es einen wunderschönen, tropischen Baumbestand und eine sehr gepflegte Parkanlage, einen hohen Wasserturm mit Yogaterrasse, von der man eine Traumaussicht auf die einzigartige Landschaft der Umgebung hat.

Zimmer ******
Alle Zimmer sind mit romantischen Himmelbetten ausgestattet, über die Moskitonetze gespannt sind. Jedes Zimmer verfügt über Telefonanschluss und Deckenventilatoren. Einige Zimmer haben auch eine Klimaanlage. Die Farbgebung der Räume wirkt angenehm beruhigend. Balkon oder Terrasse sorgen für viel Frischluft mit direktem Blick auf Garten und Pool.

Küche ******
Die hier gebotene singhalesische Küche schmeckt ausgezeichnet. Die Gerichte werden aus qualitativ hochwertigen Produkten sorgsam zubereitet. Man legt sehr großen Wert auf doshagerechte Speisen. Das Abendessen wird entsprechend der Konstitutionsdiät auf dem Teller angerichtet serviert. Dies macht man auch, um den Magen abends nicht überzustrapazieren.

Ayurveda ******
Im Zentrum werden generell nur Ayurvedakuren durchgeführt mit einer üblichen Aufenthalts- oder Kurdauer von zwei bis drei Wochen. Die beiden Ärzte garantieren eine aufmerksame Betreuung. Ein Arzt ist immer präsent. Ein deutscher Gästebetreuer ist auf Wunsch bei der Konsultation dabei, um zu übersetzen. Die Ärzte lassen sich ausreichend Zeit für die Konsultation und die Betreuung der Gäste. Sie stellen eine gründliche Diagnose. Wenn Beschwerden auftreten, kann man jederzeit den Arzt zu Rate ziehen. Aufgrund der deutschen Hotelleitung und der deutschen Gästebetreuer ist eine sehr gute Betreuung während der ganzen Kur gewährleistet.

Die Behandlungsräume sind einfach und mit Naturprodukten ausgestattet. Hier werden nur Ayurvedakurgäste aufgenommen. Partner oder Begleitpersonen, die nur Urlaub machen möchten, müssen sich eine andere Unterkunft suchen.

Wellness- und Spabereich*****
Es gibt einen sehr schönen und gepflegten Swimmingpool mit Saftbar.

Freizeit*****
Fast täglich werden von der Hotelleitung Ausflüge, z. B. zu Tempelanlagen, organisiert. Am Strand von Hikkaduwa kann man dank dem vorgelagerten Riff gefahrlos schwimmen, was bei keinem anderen Hotel möglich ist. Bei einer Ayurvedakur ist Schwimmen allerdings untersagt.

Besonderes
Hervorzuheben ist die wunderbare Aussicht auf den Tropenwald mit seinen Vögeln und Affen. Darüber hinaus ist eine gute, intensive Kuratmosphäre spürbar, mit einer starken Konzentration auf authentisches Ayurveda. Begleitpersonen werden nicht aufgenommen.

Ayurveda Center Maho

Yapahuwa, Sri Lanka
Telefon +94 (0)37 2275826
maho@ayurveda-center-maho.de
www.ayurveda-center-maho.de

Auch zu buchen über:
Aytour
Postfach 1827
D-82308 Starnberg
Telefon +49 (0)8151 9987990
info@aytour.de
www.ayurveda-reisen.de

In der großen, gepflegten Anlage werden ausschließlich medizinische Ayurvedakuren durchgeführt. Dabei legt man großen Wert auf die fundierte Anwendung der Ayurvedaprinzipien. Der eigene Qualitätsanspruch ist sehr hoch: Man ist bestrebt, bei medizinischen Ayurvedabehandlungen auf Sri Lanka führend zu sein. Dies hat für den Gast allerdings zur Folge, dass er die Leistungen des Hauses täglich auf Fragebögen bewerten muss.

Preiskategorie: Mittel

Lage*****
Das »Maho Center« liegt zweieinhalb Autostunden vom Flughafen entfernt, ungefähr 100 Kilometer nördlich von Kandy im Bergland. Da sie völlig abgeschieden liegt und das kleine Dorf Yapahuwa nur aus wenigen Häusern besteht, ist es in der Anlage sehr ruhig.

Ambiente*****
Die Anlage wurde erst im Jahr 2004 eröffnet. Es gibt alte Baumbestände, wie zum Beispiel riesige Mangobäume, aber auch viele Neupflanzungen, die teilweise noch etwas steril wirken. Alles ist sehr gepflegt und sauber.

Zimmer***
Die Apartments sind über die Anlage verstreut; es stehen auch Bungalows zur Verügung. Die Einrichtung und die Dachkonstruktion bestehen aus dunklem Massivholz. Wenn die Sonne einmal nicht scheint, wirken die Räume daher etwas düster.

Küche******
Vom schön gelegenen Speisesaal schaut man auf den Swim-

mingpool und die große Parkanlage. Bei Wind kann es allerdings stark ziehen. Wenn es wenig Gäste hat, wird kein Büfett aufgebaut, sondern am Tisch serviert. Das Essen ist sehr schmackhaft, aus qualitativ hochwertigen Produkten und sehr sorgfältig zubereitet. Beim Frühstück besteht allerdings nur eine sehr bescheidene Auswahl. Als letzte Mahlzeit vor der Abreise erhält der Gast ein Wunschmenü, das üppig garniert angerichtet wird. Frisches Obst und Gemüse kommen aus dem »Organic Garden« der hauseigenen Gärtnerei.

Ayurveda*****
Im »Maho Center« werden ausschließlich medizinische Ayurvedakuren angeboten. Hier sind drei bis vier Ärzte tätig. Es wird wissenschaftlich und gewissenhaft gearbeitet, da man einen hohen medizinischen Qualitätsanspruch hat. Der Slogan heißt: »We live Ayurveda.« Die Masseure des Hauses wurden vor Ort aus- und weitergebildet. Die Behandlungsräume wirken nicht zuletzt aufgrund ihrer Einrichtung etwas dunkel.

Das Center eignet sich besonders für Menschen, die ihre Gesundheitsprobleme mit einer soliden und fundierten Ayurvedakur angehen wollen. Es muss die Bereitschaft bestehen, sich voll auf den Gesundungsprozess und auf die Behandlungen zu konzentrieren.

Besonderes
Abwechslung gibt es in der Anlage kaum. Man muss auch mit sich allein sein können (oder zu zweit anreisen). Die Ruhe sollte man allerdings als Heilungsanreiz sehen.

Erwähnenswert
Das »Maho Center« ist um eine ständige Qualitätskontrolle bemüht. Dazu gehört, dass der Gast jeden Abend eine Bewertung seiner Behandlungen (von sehr gut bis schlecht) abgeben muss – und zwar an der Rezeption vor den Augen der Mitarbeiter!
Es gibt vor Ort einen jungen Mann, der notdürftig Deutsch spricht und als Dolmetscher fungiert.

Oasis Ayurveda Beach Resort

Sisilasagama, Hambantota
Sri Lanka

Zu buchen über:
Aytour
Postfach 1827
D-82308 Starnberg
Telefon +49 (0)8151 9987990
info@aytour.de
www.ayurveda-reisen.de

Die Anlage bietet ein Ambiente, das zum Wohlfühlen und Entspannen einlädt. Beim Ayurveda wird Eigenverantwortung groß geschrieben und Reglementierung vermieden.

Preiskategorie: Mittel

Lage*****
Die Anlage liegt sehr ruhig; das nächste Städtchen, Hambatota, liegt fünf Kilometer entfernt; das Meer und der Strand befinden sich gleich hinter einer Düne. Die Anreise vom Flughafen dauert fünf bis sechs Stunden mit dem Auto; es gibt aber auch ein Flugtaxi.

den Zimmern liegt eine ausführliche Beschreibung der verschiedenen Ayurveda-Kuranwendungen. Die Masseure und Masseurinnen werden vor Ort ausgebildet und geben sehr gute, intensive Massagen. Als Übersetzerin/Betreuerin steht den deutschsprachigen Gästen eine Deutsche zur Verfügung, die schon lange auf Sri Lanka lebt.

Ambiente * * * * * *
Weitläufigkeit und Großzügigkeit in der Gestaltung der Anlage vermitteln ein Wohlfühlen und laden zum Entspannen ein.

Zimmer * * * * * *
Die Zimmer werden zweimal am Tag gereinigt; die Betten werden jeden Abend vorbereitet und mit Blumen verziert. Jeden Nachmittag wird ein Korb mit frischen Früchten ins Zimmer gestellt. Für die Ayurvedagäste gibt es nahe dem Therapiecenter ein eigenes Wohn-»Village« mit natürlichen, aus Lehm gebauten Apartments mit Blick zum Binnensee.

Küche * * * * * *
Große Auswahl sehr gut zubereiteter, schmackhafter Speisen. Es gibt einen großen Speisesaal für Urlaubsgäste, während die Ayurvedagäste auf einer überdachten Terrasse vor dem Swimmingpool oder unter Palmen speisen. Im Zimmer steht immer heißer Tee bereit.

Ayurveda * * * * *
Das Therapiecenter liegt ruhig am Rand der Anlage mit schönem Blick auf einen kleinen See. Die Behandlungsräume sind hell und freundlich. Das Ayurvedaangebot reicht von Kurz- und Regenerationskuren bis zu einer mehrwöchigen Panchakarma-Kur. Der leitende Arzt ist ein sehr bekannter Ayurvedaarzt, dessentwegen viele Gäste aus Europa hierher zur Kur kommen. Er ist mindestens einmal wöchentlich zur Konsultation und Visite im Resort. Ein weiterer Arzt ist ständig präsent; er überwacht die Behandlungen und geht jeden Abend beim Dinner von Tisch zu Tisch, um mit den Gästen zu reden. Anamnese und Pulsdiagnostik sind gründlich. Außerdem erhält der Gast einen sehr ausführlichen Ernährungsplan, und auf

Wellness- und Spabereich * * * * *
Es gibt einen besonders schönen Swimmingpool und eine sehr große Parkanlage.

Freizeit * * * * * *
Fast täglich werden Ausflüge organisiert. Die ländliche Umgebung des Resorts mit kleinen Dörfern lädt zu schönen Spaziergängen ein. Das Meer ist an dieser Küste ziemlich stürmisch und daher nicht zum Baden geeignet. Stattdessen kann man ausgiebige Strandspaziergänge unternehmen.

Besonderes
Hier herrscht eine großzügige und freie Atmosphäre. Es wird möglichst wenig reglementiert, und der Gast wird sehr aufmerksam behandelt. Als Kurgast muss man Eigenverantwortung übernehmen und die Empfehlungen oder Einschränkungen des Arztes von allein befolgen.

Sri Lanka Ayurveda Garden

95B Sea Beach Road
Ambalangoda
Sri Lanka
Telefon +94 (0)9122 59888
famedons@sltnet.lk
www.ayurveda-garden.de

In dieser liebevoll gepflegten Ayurvedaoase wird nur therapeutisches Ayurveda bzw. Ayurveda pur praktiziert. Dass es den Gästen an nichts fehlt, spiegelt sich in dem hohen Anteil von Stammgästen wider, die immer wieder gern hierher kommen.

Preiskategorie: Mittel

Lage *****
Das Haus liegt direkt am Meer, an der Westküste, 80 Kilometer vom Flughafen Colombo entfernt.

Ambiente *****
Der Name ist Programm: Der Garten wird hier als wesentlicher Ort der Heilung und Erholung angesehen. Darum stellt der Strandgarten mit den schattigen Liegeplätzen das Herzstück des kleinen Ayurvedazentrums dar. Die liebevoll gepflegten Blumen- und Kräuterpflanzungen schenken Kraft und erfreuen die Sinne.

Zimmer ****
Die Zimmer sind sehr gepflegt und einladend. Sie sind einfach, aber geschmackvoll eingerichtet und bieten einen wunderschönen Ausblick auf den Garten.

Küche ******
Die Küche des »Ayurveda Garden« ist abwechslungsreich und reichhaltig; die Speisen werden immer frisch zubereitet. Es wird besonders darauf geachtet, dass die Gäste den Richtlinien der Kur entsprechend verköstigt werden.

Ayurveda *****
Ayurveda wird hier sehr ernst genommen und die Einnahme der Medikamente kontrolliert. Alle Mitarbeiter achten auf einen geregelten Behandlungsablauf. Die Ärzte des Hauses haben langjährige Erfahrung mit Gästen aus Europa und sind jederzeit für ihre Bedürfnisse und Fragen offen. Die Ausbildung der Therapeuten erfolgt im Haus selbst durch den Arzt; sie arbeiten dann unter seiner Regie. Die Untersuchung und Betreuung durch den Arzt ist sehr umfassend und fundiert. Die Behandlungen des Hauses umfassen im Wesentlichen entspannende und ausgleichende Ganzkörper-, Kopf- und Kräuterreismassagen, aufbauende Ölbehandlungen, wohltuende Kräuterbäder, entgiftende Kräuter- und Dampfbäder. Dazu gehören auch die stärkenden Ayurvedaspeisen. Die hier angebotene Ayurveda-Vitalkur ist eine leichte Reinigungs- und

Aufbaukur, ideal für diejenigen, die keine großen gesundheitlichen Probleme haben, sich vom Alltagsstress erholen, entspannen und Kraft tanken wollen. Darüber hinaus gibt es die Möglichkeit, eine Panchakarma-Kur oder eine Ayurvedaheilkur zu machen. Letztere beinhaltet meistens Anwendungen, die zur Panchakarma-Kur gehören, jedoch durch Spezialanwendungen und spezielle Kräuterzubereitungen ergänzt werden.

Freizeit *****
Es gibt täglich verschiedene Angebote des Hotels, zum Beispiel organisierte Ausflüge zu Tempeln oder Märkten in den umliegenden Städten. Da das Haus direkt am Strand liegt, sind entspannende Spaziergänge am Strand möglich.

Besonderes
Dieses Haus wird mit viel Seele und Herz geführt. Den Gästen fehlt es an nichts. Zahlreiche Stammgäste kommen seit vielen Jahren immer wieder hierher.

Ayurvedic Village Ranweli

Ranweli Holiday Village
Negombo, Sri Lanka

Zu buchen über:
Seva-Ayurveda
Zweigstraße 10
D-80336 München
Telefon +49 (0)89 7904680
info@seva-ayurveda.de
www.seva-ayurveda.de

Für alle, die nach dem Motto »Öko« kuren wollen, ist das »Ranweli« die richtige Adresse. Das hier angebotene Ayurveda ist solide und professionell. Der Gast kann zwischen einem klassischen Panchakarma-Kur-Programm und einzelnen Tages- und Kurzzeitprogrammen wählen.

Preiskategorie: Mittel

Lage *****
Das Ökohotel liegt auf einer Halbinsel, eingebettet in einen tropischen Garten mit blühenden Sträuchern, Palmen und Mangroven. Es ist nur mit einer hoteleigenen Fähre über den Fluss zu erreichen. »Ranweli Village« wurde vorbildlich nach den Grundsätzen eines naturnahen und umweltfreundlichen Tourismus erbaut. Auch die gesamte Umgebung des »Ranweli« ist Teil eines geschützten Gebiets mit einem intakten Ökosystem.

Ambiente *****
Die großzügige Anlage mit ihrem gepflegten Ambiente lädt zum Entspannen ein.

Zimmer *****
Unterbringungsmöglichkeiten gibt es im Haupthaus oder in Bungalows. Die Zimmer sind großzügig gestaltet, mit Sitzecke und Blick entweder auf den Swimmingpool oder auf das Meer. Zimmerservice wird von 7 Uhr bis 22 Uhr geboten.

Küche *****
Das Restaurant befindet sich im Haus. Die Küche ist sehr reichhaltig und abwechslungsreich. Es gibt ein Büfett mit täglich wechselndem Motto. Panchakarma-Gäste bekommen den Doshas angemessenes Essen zu jeder Mahlzeit.

Ayurveda *****
Das Ayurvedazentrum wird von einer Ayurvedaärztin geleitet, die von einem Assistenzarzt, drei weiblichen und zwei männlichen Therapeuten unterstützt wird. Die Ayurvedaärztin stellt zum Teil selbst Kräuterpasten, Tees und Öle her, deren Zutaten überwiegend aus eigenem Anbau stammen. Neben dem klassischen Panchakarma-Kurprogramm können auch einzelne Tage oder Kurzzeitprogramme gebucht werden. So gibt es zum Beispiel dreitägige Angebote oder Kuren mit einer Mindestdauer von zehn Tagen. Bei den Panchakarma-Kuren handelt es sich um die Panchakarma-Intensivkur. Diese klassische Kur-

form empfiehlt die Ayurvedaärztin vor allem jenen Kurgästen, die während des Ausleitungsverfahrens im ersten Teil der Kur auf eine gründliche Reinigung besonderen Wert legen und während des zweiten aufbauenden Teils (= Rasayana) den Körper und das Immunsystem

intensiv stärken wollen. Bei der Intensivkur wird auf die verschiedenen Belange und Beschwerden individuell eingegangen. Daneben gibt es die Panchakarma-Light-Cure, eine leichtere Variante der Kur. Dies betrifft die Anzahl und Intensität der einzelnen Anwendungen und des Reinigungsprozesses. Alle Behandlungen – egal ob Kurz- oder Langzeitkur – werden individuell auf den Kurgast abgestimmt. Die Therapeuten

haben eine sechsmonatige Ausbildung in Colombo absolviert. Sie erhalten die Anweisungen vom Arzt. Die Gäste werden täglich nach ihrem Befinden gefragt. Mögliche Veränderungen werden entsprechend berücksichtigt und der Therapieplan gegebenenfalls geändert. Therapeutisches Ayurveda soll noch weiter ausgebaut werden.

Freizeit*****
Angeboten werden Tennis, Squash, Beachvolleyball, Poolbillard. Einmal pro Woche kann man an einem kostenlosen Ausflug teilnehmen – etwa Wanderungen in der Natur oder Ausflüge zu verschiedenen Tempeln.

Besonderes
Trotz der Größe des Hotels herrscht eine entspannte Atmosphäre. Die Integration der Natur ist besonders gut gelungen; vielleicht, weil die Hotelbesitzer selbst Naturforscher sind.

Surya Lanka Ayurveda Beach Resort
Talalla, Sri Lanka

Zu buchen über:
Seva-Ayurveda
Zweigstraße 10
D-80336 München
Telefon +49 (0)89 7904680
info@seva-ayurveda.de
www.seva-ayurveda.de

Dieses kleine Resort unweit des Ortes Talalla bietet ein authentisches Ayurveda, das auf Europäer abgestimmt wurde. Nach eigener Aussage ist das »Surya Lanka« eines der wenigen Ayurvedazentren, welche die vollständige Reinigungskur genau nach den Anweisungen der klassischen Quellen (Sushruta und Charaka) durchführt.

Preiskategorie: Mittel

Lage*****
Talalla liegt an der äußersten Südspitze der Insel. Um zum Resort zu gelangen, fährt man aus dem Ort hinaus und kommt über einen kleinen Hohlweg direkt an die Küste. Dort liegt inmitten eines Palmenhains die Hotelanlage mit Swimmingpool. Die nächste größere Stadt ist Matara mit 60 000 Einwohnern.

Ambiente******
Das zweistöckige Hotel wurde in Hinblick auf europäische Gäste errichtet, wobei Formen und Farben der Anlage wie auch die überaus geschmackvolle Einrichtung an portugiesische Kolonialvillen aus dem 16. Jahrhundert erinnern. Die einladende Eingangshalle ist sehr weitläufig

und dennoch gut überschaubar; sie ist bis zum Giebel offen. Das Haus hat eine klare Linie; es ist in hellen Tönen gehalten und mit stilvollen Holzmöbeln eingerichtet. Im Wohnbereich wurde sehr viel Wert auf Individualität gelegt.

Zimmer * * * * * *

Die Zimmer sind zweckmäßig ausgestattet, dennoch komfortabel und sehr groß. Von Ablenkungen wie Telefon oder Fernseher wurde abgesehen. Die Zimmer haben jeweils einen Balkon oder eine Terrasse. Sie werden täglich gereinigt, die Betten werden jeden Abend vorbereitet und mit Blumen dekoriert.

Küche * * * * * *

Die ayurvedische Vollpension wird auf die Kur abgestimmt. Die ausgezeichnet zubereiteten, schmackhaften Speisen auf dem Büfett wechseln täglich, für alle Doshas in reichhaltiger Auswahl. Geboten werden auch Fisch oder Fleisch. Zu den Mahlzeiten gibt es Mineralwasser, Tees und Tambili (Kokosnusssaft). Auf Wunsch wird jederzeit frisches Obst gereicht. Am Nachmittag erhalten alle, deren Diätplan es zulässt, Kaffee, schwarzen Tee, Kräutertee, Kuchen und Gebäck. Einmal pro Woche wird ein Barbecue veranstaltet. Gespeist wird im Garten, wo mitunter eine sehr romantische Stimmung aufkommt.

Ayurveda * * * * *

Das »Surya Lanka« wurde als reine Ayurvedaanlage geplant und eingerichtet. In Zusammenarbeit mit indischen Ayurvedaärzten wurde ein authentisches Ayurvedaprogramm entwickelt, das auf Europäer abgestimmt ist. Angeboten werden Kurpakete: eine zwei- oder dreiwöchige Panchakarma-Reinigungs- und Verjüngungskur, die von den meisten Kurgästen gebucht wird, eine Panchakarma-Präventiv- und -Verjüngungskur, die weniger intensiv ist als die klassische Panchakarma-Kur und daher weniger Anwendungen umfasst, sowie eine zwei- bis dreiwöchige Panchakarma-Heilkur. Es gibt auch eine siebentägige Kur.
Geleitet wird die Ayurvedaabteilung von Dr. Ranjith Fonseka, einem äußerst erfahrenen und anerkannten Arzt, der neben seiner schulmedizinischen und ayurvedischen Ausbildung von Dr. Athus Thombare persönlich in Panchakarma unterwiesen wurde. Die gut ausgebildeten Ayurvedatherapeuten wurden speziell für den Umgang mit Europäern geschult. Sie sind Spezialisten für Kopf-, Gesichts-, Abhyanga-, Synchron- und Thermomassagen. Die meisten Therapeuten sind schon seit Jahren im Haus. Ärzte und Therapeuten sind höflich und wahren die nötige Distanz. Die Gäste werden von deutschen Betreuern begleitet, die auch bei Übersetzungen behilflich sind.

Freizeit * * * * * *

Einmal wöchentlich werden kostenlos halbtägige Besichtigungstouren nach Galle, einer der ältesten Kolonialstädte an der Südspitze Sri Lankas, zu Teeplantagen, Elefantenfarmen oder Klöstern angeboten. Im Übrigen eignet sich der Küstenabschnitt um das »Surya Lanka« hervorragend für ausgedehnte Strandspaziergänge.

Besonderes

Hervorzuheben ist, dass sich das Haus auf gründliche Ausleitungen spezialisiert hat. Angenehm ist die große Transparenz des Kurablaufs.

Erwähnenswert

Wir hätten uns besonders bei den Behandlungen etwas mehr emotionale Zuwendung gewünscht; ein Bedürfnis, das auch andere Gäste äußerten. Besonders durch die sterile Atmosphäre – Liege an Liege – entsteht kaum eine persönliche Atmosphäre bei den Behandlungen.

Hotel Vattersgarden

81180 Kottegoda,
Lunukalapuwa 25
Sri Lanka
Telefon +94 (0)41 2259060
ayurveda@vattersgarden.de
www.vattersgarden.de

An diesem ruhigen Ort kann man seine Ayurvedakur genießen und sich dabei völlig entspannen. Allerdings muss man bereit sein, sich an Vorgaben und Regeln zu halten.

Preiskategorie: Mittel

Lage * * * *

Die Anlage befindet sich in der Nähe des Kap Dondra, sehr ruhig gelegen am Rand des kleinen Fischerdorfes Lunukalapuwa, im wenig erschlossenen Südteil der Insel. Durch die Lage direkt am Strand ist ständig das Meeresrauschen zu hören. Kottegonda liegt zwischen Matara und Dickwella; die beiden Orte sind in 15 Minuten mit dem »Tuk-Tuk« zu erreichen.

Ambiente * * * *

Die kleine, sehr gepflegte Anlage verfügt lediglich über zwölf Zimmer und acht Bungalows. Es herrscht eine entspannte Atmosphäre, und die Nähe zur Natur trägt das ihre zur Ruhe und Erholung bei. Auf der Terrasse zur Lagune kann man bereits morgens beim Tee die Tierwelt mit vielen verschiedenen Vogelarten, Gekkos, Leguanen usw. beobachten.

Zimmer * * *

Die Zimmer sind so groß, dass auch zwei Personen hier längere Zeit gut wohnen können. Im Bad findet man ayurvedische Zahnpasta und ayurvedisches Shampoo. Anstelle eines Schrankes gibt es eine einfache Stange mit Bügeln, um die Kleidung aufzuhängen. Die Betten sind mit Schaumstoffmatratzen ausgestattet. In den neu erbauten Bungalows mit ihren ebenfalls geräumigen Zimmern hat man entweder Balkon oder Terrasse mit Zugang zum Garten.

Küche * * *

Das Essen wird für jeden Gast ganz individuell entsprechend seiner Dosha-Bestimmung zubereitet. Das Trinkwasser schmeckte den Gästen zu sehr nach Chlor.

Ayurveda * * * * *

Das »Vattersgarden« arbeitet mit dem nahe gelegenen staatlichen Krankenhaus Beliatta zusammen. Im Resort selbst arbeiten Ayurvedaärzte, die über umfangreiche Kenntnisse in ayurvedischer und westlicher Medizin verfügen. Sie sind den ganzen Tag zu erreichen. Konsultation und Dosha-Bestimmung, die von einem Arzt durchgeführt werden, sind sehr gründlich. Die Therapeuten haben zum Teil bereits in anderen Häusern gearbeitet. Und wer hier seine erste Anstellung als Therapeut antritt, wird erst einmal drei Monate im Haus ausgebildet. Wellness-Ayurveda wird nicht angeboten.

Wellness- und Spabereich*
Es wird Yoga angeboten, wurde von uns aber nicht als herausragend erlebt.

Freizeit
Freizeitaktivitäten werden nicht angeboten. Es wird Wert darauf gelegt, dass die Gäste Ruhe finden und sich sammeln. Denn nach Ansicht des Hauses geht es im Ayurveda auch darum, das richtige Maß zu finden und vom Zwang zum steten Konsum wegzukommen.

Besonderes
Der Ausblick vom Restaurant auf den Indischen Ozean ist traumhaft schön und fördert die Entspannung.

Erwähnenswert
Der Arzt teilt für die einzelnen Anwendungen jeweils den Therapeuten ein, der gerade frei ist. Es kann also sein, dass man immer wieder von einem anderen Therapeuten behandelt wird.

Glossar ayurvedischer Anwendungen

Abhyanga ist eine Ganzkörpermassage mit warmem, ayurvedischem Öl, entweder als Wohlfühlmassagen oder als Vorbereitung auf eine Panchakarma-Behandlung. Sie entschlackt den Körper, regt Energie- und Lymphfluss an, wirkt wohltuend und entspannend, strafft Haut und Gewebe. Sie werden als Einzel- oder Synchronmassagen oder in manchen Ayurvedakliniken in Indien sogar von vier Personen gegeben. Das Wort »Abhyanga« ist ein Synonym für »Ölbad«. Es kann täglich als Selbstölmassage durchgeführt werden oder zur Vorbereitung eines der Panchakarma-Reinigungsverfahren. Es ist das Beste, um Vata-Beschwerden zu reduzieren. Abhyanga hat eine positive Wirkung für die Augen, stärkt den Körper, fördert einen guten Schlaf, Weichheit und Vitalität der Haut, gibt ein langes Leben und jugendliche Frische. Wichtig ist, dass das Öl nach der vorgeschriebenen Zeit wieder abgeduscht wird. Eine Ganzkörpermassage wirkt kühlend, verjüngend und blutreinigend. Sie stärkt den Körper und steigert die Lebenskraft.

Avagaha Sweda ist ein Kräutersitzbad unter Zugabe von speziell aufbereiteten Extrakten, das nach der äußerlichen Anwendung medizinischer Öle genommen wird. Das Badewasser muss immer warm bleiben. Durch den Sud werden die Poren geöffnet, und die Kräutersubstanzen reinigen die Kapillaren und Gewebespalten. Ölung und Schwitzen sind die Vorbereitung für das Panchakarma. Durch sie werden die gestörten Doshas ausgeglichen, Schlacken aus dem Gewebe gelöst und zum Verdauungstrakt befördert. Danach ist es einfach, sie durch das entsprechende Ausleitungsverfahren des Panchakarma aus dem Körper zu entfernen.

Basti ist eine der fünf Reinigungsmethoden des Panchakarma. Hierbei handelt es sich um eine medizinische Einlauftherapie, als nährende Therapie mit Ölen und Fetten oder als reinigende Therapie mit Abkochungen und weiteren Substanzen wie zum Beispiel Honig und Steinsalz. Darüber hinaus löst der Öleinlauf fettlösliche und der reinigende Einlauf wasserlösliche Toxine.

Mit einem **Blütenbad** wird auf Sri Lanka eine ayurvedische Kurbehandlung abgeschlossen. Dabei werden duftende Blüten und wohlriechende Essenzen wie Sandelholzöl oder Auszüge von Ylang Ylang dem Badewasser beigemischt. Es ist eine Behandlung zum Wohlfühlen und Entspannen der Sinne.

Droni Sweda ist ein ayurvedisches Kräuterbad (siehe Avagaha Sweda).

Garshan-Massage ist eine Trockenmassage, die mit Rohseidenhandschuhen durchgeführt wird. Sie regt den Stoffwechsel an.

Karana Poorna ist eine ayurvedische Behandlung der Ohren mit bestimmten Ölen. Sie lindert Kopfschmerzen, verhindert kalte Füße und Brennen der Fußsohlen. Karana Poorna wird auch bei Ohrenschmerzen und Tinnitus angewendet.

Kizhi ist eine Massage des ganzen Körpers oder auch nur eines Körperteils mit Beuteln, die mit Kräuterpulver oder ganzen Kräuterblättern gefüllt sind. In Sanskrit heißt die Behandlung »Pinda Sweda«, »Schwitzen durch Beutel«. Sie ist zum Beispiel bei Schmerzen, Ödemen, Schwellungen und Fettleibigkeit sehr wirksam.

Die **Marma-Massage** ist eine südindische Spezialität, bei der Marma-Punkte, sogenannte Energie-Druckpunkte, gezielt behandelt werden, um innere Organe und Kanäle des Körpers zu stimulieren. Diese Massage stammt aus dem südindischen Kampfsport Kalari. Sie wurde ursprünglich angewendet zur Beseitigung der teils schwerwiegenden Folgen durch eine Verletzung eines Marma-Punktes bei einem Kampf.

Navara Kizhi ist eine Reisbeutelmassage. Hierfür wird der Navara-Reis mit Milch und der

Pflanze Sida Cordifolia gekocht. Die fertige Paste wird dann in Beutel gefüllt. Es wird erneut eine Kräuterabkochung mit dieser Pflanze und Milch gemacht, darin werden die Beutel während der Massage ständig wieder erwärmt. Der Beutelmassage geht eine Ölmassage voraus. Diese gewebenährende Behandlung macht den Körper geschmeidig und die Gelenke beweglich, reinigt die Körperkanäle und bewirkt eine bessere Zirkulation; sie verbessert das Aussehen, reguliert die Verdauung und ist bestens geeignet zur allgemeinen Regeneration. Diese Behandlung leitet Toxine aus der Haut, ist sehr wirksam bei Lähmungen und anderen starken chronischen Vata-Problemen. Navara Kizhi ist sehr wirksam auch bei Koliken, Gulma und ist eine Form von Svedana (Schwitzen). Eine positive Nebenwirkung ist, dass die Haut sehr geschmeidig wird.

Nasya Karma ist eine ayurvedische Nasenbehandlung. Diese Behandlung ist sehr wirksam für alle Erkrankungen oberhalb des Schlüsselbeins. Die Nase ist die am leichtesten zugängliche und direkteste Öffnung, um die Potenz der Wirkstoffe in den Kranialbereich und an die Kranialnerven zu bringen. Es gibt drei unterschiedliche Arten von Nasya: 1. reinigende (zum Beispiel bei Sinusitis, Heuschnupfen, Schwere im Kopf, Epilepsie), 2. ernährende (ernährt die Nerven, so bei Migräne, Sprachstörungen, Augenerkrankungen, Lähmung der Arme usw.). Die dritte Art ist weder ernährend noch reinigend, sondern schmerzlindernd. Bei der Behandlung sind verschiedene Schritte zu befolgen: 1. Massage von Gesicht, Hals und Dekolleté, 2. Dampfbad, 3. Zuführen von Öl, Kräuterabkochung, Kräuterpulver oder ähnlichem über die Nase bei leicht zurückgeneigtem Kopf, 4. Inhalation von Kurkuma.

Panchakarma bezeichnet eine traditionelle, tiefgreifende ayurvedische Reinigungskur, bestehend aus fünf Methoden: therapeutischem Erbrechen, Abführen, Einläufe mit Abkochungen und Ölen, Einnahme von Medikamenten über die Nase sowie Aderlass. Die Vorbereitung hierfür ist Snehana und Svedana (Wärmeanwendung).

Padabhyanga ist eine ayurvedische Fußmassage, bei der mit speziellen Griffen, Griffkombinationen und sanften Ausstreichungen die Füße, Waden und Knie massiert werden. Die Padabhyanga wirkt sehr beruhigend und ausgleichend. Sie sollte immer mit einer Ganzkörpermassage ergänzt werden. Da Ayurveda ein ganzheitliches System ist, wird immer der »ganze« Mensch behandelt.

Pizzichil bezeichnet einen Körperölguss, bei dem warmes Öl von mehreren Therapeuten auf den gesamten Körper aufgetragen und auf bestimmte Weise rhythmisch eingesalbt wird. Er findet Anwendung bei Lähmungen, Epilepsie, Rheuma, degenerativen und Nervenerkrankungen.

Purvakarma bezeichnet ein vorbereitendes Verfahren für Panchakarma, umfasst Ölmassagen (Snehana) und Wärmeanwendungen (Svedana), um die im Körper eingelagerten Toxine zu mobilisieren, damit sie wieder in Richtung Verdauungstrakt befördert werden.

Raktamokshana ist eine der fünf Panchakarma-Behandlungen: Reinigung des Blutes durch Aderlass, Blutegel und ähnliche Verfahren.

Rasayana, eine Verjüngungstherapie, die Zellen erneuert und Organe regeneriert und somit das Immunsystem stärkt.

Sarvanga Thaila Abhyanga heißt die ayurvedische Ganzkörper-Verjüngungsbehandlung für Kopf, Gesicht und Körper (siehe Abhyanga).

Shiroabhyanga ist eine intensive Massage des Kopf-, Nacken- und Schulterbereichs, die Verspannungen löst. Sie sollte immer mit einer Ganzkörpermassage ergänzt werden. Da Ayurveda ein ganzheitliches System ist, wird immer der »ganze« Mensch behandelt.

Shiromarana ist eine Kopfmassage, bei der kühlendes Öl in Kopfhaut und Nacken massiert wird, wodurch sich Verspannungen lösen. Sie wirkt prophylaktisch gegen frühzeitiges Ergrauen der Haare, Schlafstörungen und Erkältungskrankheiten.

Shirodhara ist die Bezeichnung für den ayurvedischen

Stirnguss mit temperiertem Öl und Kräuteressenzen. Er wird bei Gesichtslähmung, Schlaflosigkeit und anderen Erkrankungen im Kopfbereich (wie chronische Kopfschmerzen und Depressionen) angewendet, hat aber darüber hinaus eine Wirkung auf den ganzen Körper. Sehr wirksam ist die Behandlung zum Beispiel auch bei Schuppenflechte am Körper. Als positive Nebenwirkung verleiht der Stirnguss tiefe Entspannung und umfassendes Wohlbefinden.

Shirovasti ist ein Kopfbad, bei dem dem Patienten ein oben offener, gut abgedichteter Hut aus festem Leder aufgesetzt wird. In die Öffnung wird warmes, auf die entsprechende Konstitution abgestimmtes Öl gegossen, das anschließend einige Minuten in die Kopfhaut einwirken kann. Shirovasti harmonisiert die Gehirnströme und hilft gegen Kopfschmerzen, Ohrenschmerzen und alle Erkrankungen der Kranialnerven.

Beim **Snehadhara-Ölguss** gießen mehrere Therapeuten synchron warmes medizinisches Öl aus 30 Zentimeter Abstand in kontinuierlichem, fingerdickem Strahl über den Patienten. Snehadhara wird bei psychosomatischen und rheumatischen Krankheiten und einer Vielzahl von Nervenkrankheiten angewendet.

Als **Snehana** wird die innere Ölkur bezeichnet, eine der Hauptsäulen der Entgiftungsbehandlung. Hierbei wird meist medizinisches Ghee oder in manchen Fällen Sesamöl über einen Zeitraum von mehreren Tagen in täglich steigender Dosis eingenommen. Die Kur kann als Vorbereitung zum Ausleitungsverfahren (Panchakarma) durchgeführt werden. Sie hat eine stark reinigende Wirkung auf die Verdauungsorgane und die inneren Gewebe.

Swedakarma ist eine Schwitzkur, eine ayurvedische Kräutersauna. Durch diese Behandlung öffnen sich alle Kapillargefäße, und die Heilsubstanzen der Öle können gut in die Tiefe dringen. Deshalb wird nach einer Ölbehandlung ein Swedakarma angewendet. Dies kann je nach Dosha des Patienten ein Besuch in der speziellen ayurvedischen Sauna sein, die mit Heilerde und Gewürzen ausgekleidet ist, ein Kräuterdampfbad oder sonst eine Form der Schwitzkur. Kizhi, Navara Kizhi und Pizzichil sind gleichzeitig auch eine Svedanabehandlung. Hierzu zählt auch Avagahasweda, Droni Sweda und Upanahasweda.

Udvarthana ist eine Ganzkörpermassage oder Kräuterpastenmassage, eine Pulvermassage mit feinem Pulver oder Pasten aus Kräutern. Hier wird auf der Basis von Getreide und Kräuterpulver eine Paste angerührt und in die Haut einmassiert. Sie kann aber auch als Trockenmassage nur mit Mehl, Tonerde und Kräuterpulver verabreicht werden. Diese stoffwechselaktivierende Behandlung hat zusätzlich den Effekt einer Körperschälkur. Diese Behandlung ist als Ergänzung zur Abhyanga sehr zu empfehlen, um überschüssiges Öl zu absorbieren. Sie ist ideal zur Behandlung von Orangenhaut, zur Anregung des Organismus, bei Fettleibigkeit und Schweregefühl.

Beim **Upanahasveda** wird eine erwärmte Paste aus Kräutern wie Kalmus, Dill, Galgant oder Ingwer auf die betroffene Stelle aufgetragen. Darüber werden ein Stück Stoff oder Kräuterblätter gebunden. Die Behandlung empfiehlt sich etwa bei Rückenschmerzen oder rheumatischen Schmerzen.

Vasti ist eine Einlauftherapie mit warmem medizinischem Öl oder Kräuter- und/oder Milchabkochungen, um Abfallstoffe zu beseitigen und um erhöhtes Vata auszuscheiden. Vasti ist die Reinigungsbehandlung, die beim Panchakarma zur Behandlung einer Vata-Erkrankung nach Snehana und Svedana am Schluss durchgeführt wird. Generell wird sie Menschen empfohlen, deren Organe und Gewebe trocken sind, aber auch bei generellen Schwächezuständen, bei Rheuma, bei Blähungen und besonders bei Verstopfung und bei Rückenschmerzen.

Virecana ist das therapeutische Abführen. Es wird im Anschluss an die Ölmassagen und Schwitzungen bei Pitta-Erkrankungen angewendet. Das Abführen wird am Ende einer Kur oder nach einigen Tagen eingeleitet. Dazu werden Pflanzenpulver oder Öle verabreicht. Die Behandlung wird beispielsweise bei Hauterkrankungen, Arthritis, Milzvergrößerung und Wurmbefall (auch Candidiasis) durchgeführt.

Dank

Besonders bedanken möchten wir uns bei allen im Buch aufgeführten Häusern. Sie haben uns eingeladen, sie zu testen. Ohne ihre Kooperation wäre dieses Buch nicht zustande gekommen.

Wir bedanken uns auch bei den Testern und Testerinnen, die für uns durch Deutschland, Österreich und die Schweiz, nach Italien, Malta und Spanien sowie nach Sri Lanka und Indien gereist sind, um jedes Haus unter die Lupe zu nehmen und es nach bestem Wissen und Gewissen zu prüfen. Unser Dank gilt besonders Marion Wiesner, Gabriele Kühn-Sabnis, Beate Iding, Rumirah Fildhaut, Herbert Wolter, Christine Thaler, Agnes Hidveghy, Rejo Oksanen, Alexandra von Manteuffel und Ingeborg Szöllosi. Auch Heike Seegebarth danken wir für ihre ergänzenden Informationen zu den indischen Ayurvedakliniken und für das Überarbeiten des Glossars.

Unser Dank gilt auch dem Reiseveranstalter für Ayurvedareisen Aytour, der für uns den Kontakt zu vielen Häusern in Indien und Sri Lanka hergestellt hat, und Seva-Ayurveda, die uns ebenfalls freundlicherweise Kontakte zu Häusern in Europa und Asien bahnten.

Des Weiteren möchten wir allen danken, die dafür gesorgt haben, dass das Buch entstehen konnte – vor allem Urs Hunziker und seinen Mitarbeitern und Mitarbeiterinnen vom AT Verlag.

Da unser Besuch nur eine Momentaufnahme widerspiegelt, auch wenn wir vor Ort immer wieder zufriedene Stammgäste getroffen haben, möchten wir Sie an dieser Stelle gern auffordern, uns Anregungen, Empfehlungen oder Veränderungen in den vorgestellten Häusern wissen zu lassen. Diese können Sie uns an folgende Adresse mailen: info@doris-iding.de oder info@katja-kaiser.de.

Literatur

Kirschner, Monika und Bärbel Schwertfeger: *Der Ayurveda-Boom. Insidertipps und Hintergrundinformationen,* Köln 2004

Lad, Vasant: *Selbstheilung mit Ayurveda. Das Standardwerk der indischen Heilkunde,* Frankfurt am Main 1998

Pirc, Dr. Karin und Wilhelm Kempe: *Kochen nach Ayurveda. Köstliche Küche für ein langes Leben,* München 2003

Rosenberg, Kerstin: *Das Ayurveda-Praxisbuch für Frauen. Gesund, schön und sinnlich,* Baden und München 2004

Rhyner, Hans H. und Birgit Frohn: *Heilpflanzen im Ayurveda,* Baden und München 2006

Rhyner, Hans H.: *Das neue Ayurveda-Praxis-Handbuch. Gesund leben, sanft heilen,* Neuhausen am Rheinfall 2004

Rhyner, Hans H. und Kerstin Rosenberg: *Das große Ayurveda-Ernährungsbuch. Gesund leben und genussvoll essen,* Neuhausen am Rheinfall 2003

Salvesen, Christian und Doris Iding: *Ayurveda hautnah. Die östliche »Lehre vom Leben« für den Westen,* Frankfurt am Main 2005

Sabnis, Nicky Sitaram: *Das große Ayurveda-Kochbuch. 150 einfache, indisch inspirierte Rezepte,* Baden und München 2004

Schacker, Monika und Reinhart: *Ayurvedakuren. Ein praktisches und wohltuendes Verwöhnprogramm für Gesundheit und Schönheit,* Amsterdam 2004

Verzeichnis der vorgestellten Häuser

Deutschland

Wellness-Ayurveda
Grand Hyatt Berlin *20*
Hotel Bayerischer Hof *21*
Vitalhotel Falkenhof *22*
Romantik Hotel Historischer Krug *24*
Wellnesshotel Hubertus *25*
Lindner Hotel & Spa Binshof *26*
Parkhotel Adler *27*
Schloss Lütgenhof *28*
Hotel & Resort Sonnenalp *30*
Sport- und Wellnesshotel Ödhof *31*
Hotel Traube Tonbach *32*

Therapeutisches Ayurveda
Haus Annapurna *33*
Ayurveda Center Baden-Baden *34*
Ayurveda-Yoga Center Freiburg *34*
Das Ayurveda-Haus »An der alten Linde« *35*
Hotel Residenz am Motzener See *36*
Ayurveda-Heilzentrum Triguna *38*
Nadolny's Wellness-Resort *39*

Ayurveda pur
AUM-Kurzentrum für Ayurveda und Naturheilenverfahren *40*
Privatinstitut für Ayurveda und Naturheilkunde *41*
Ascara Health & Beauty im Kempinski Hotel Falkenstein *42*
Ayurveda Garden Bad Rappenau *44*
Vier Jahreszeiten am Schluchsee *45*
Radisson SAS Resort Wutzschleife *46*
Haus Yoga Vidya Silvaticum *48*

Ayurvedakliniken
Ayurveda-Klinik in der Habichtswald-Klinik Kassel *49*

Ausbildungsinstitute
Europäische Akademie für Ayurveda (Mahindra-Institut) *50*
Seva-Ayurveda *51*

Österreich

Wellness-Ayurveda
Haus Hirt Alpine Spa *54*
Biohotel Daberer Vital & Spa *55*
Central Spa Hotel Sölden *56*
Naturhotel Chesa Valisa *57*
Hotel Hochschober *58*
Hotel Kaiserhof *60*
Hotel Krallerhof *61*
Posthotel Achenkirch *62*
Rogner – Bad Blumau *63*
Hotel Salzburgerhof *65*
Hotel Schwarzer Adler & Dépendance Sonnenheim *66*
Sport- & Wellnesshotel Stock *68*

Therapeutisches Ayurveda
Liebes Rot-Flüh *69*

Ayurveda pur
Allvedya Ayurveda Gesundheitszentrum *70*

Schweiz

Wellness-Ayurveda
Lenkerhof Alpine Resort *74*

Therapeutisches Ayurveda
Le Cocon *75*
Hotel Fidazerhof *77*

Ayurveda pur
Seehotel Bären *78*

Italien

Wellness-Ayurveda
Spa & Sport Resort Adler *82*
Hotel Castel *83*
Hotel Gardena/Grödnerhof *84*
Hotel Terme Metropole *85*
Grand Hotel Terme Trieste & Victoria *86*
Hotel Stocker *87*

Therapeutisches Ayurveda
Hotel Mirabell *88*

Spanien

Therapeutisches Ayurveda
Landhotel Sa Bassa Rotja *89*
Centro de Salud Port Salvi *91*

Malta

Ayurveda pur
Kempinski Hotel San Lawrenz *92*

Indien

Wellness-Ayurveda
Ananda in the Himalayas *96*
Casa Tres Amigos *97*
Lagoona Davina *98*
Le Leela Palace – Goa *98*
The Leela, Kempinski, Kovalam Beach *100*

Ayurveda pur
Agastya Ayurveda Garden *101*
Atmasantulana Village *102*
Ayur-Dham-Seva-Ayurveda-Zentrum *104*
Coconut Bay Beach Resort *105*
Duke's Forest Lodge *106*
Harivihar Ayurvedic Heritage Home *107*
Kadappuram Beach Resort *108*
Karikkathi Beach House *110*
Nikki's Nest *111*
Paradisa Plantation Retreat *112*
Poovar Island Resort *113*
Sree Sankara Gardens Ayurvedic Hospital *114*
Somatheeram Ayurvedic Beach Resort *115*

Ayurvedakliniken
The Arya Vidya Chikitsalayam & Research Institute *116*
Keraleeya Ayurveda Samajam *117*
Arya Vaidya Sala *117*
Dhanwanthari Ayurveda Bhavan *117*
Poonthottam Ayurved Asram *118*
Rajah Ayurvedic Hospital *118*
Rajah Healthy Acres *118*
Rajah Healthy Island *119*
Sreedhareeyam Ayurveda Gaveshana Kendram *120*
Sree Sankara Ayurveda Hospital *120*
Ashtavaidyan Thaikkattu Mooss Vaidyaratnam Oushadhasala *120*
Nagarjuna Ayurvedic Centre *121*

Sri Lanka

Wellness-Ayurveda und Ayurveda pur
Hotel Aida Bentota *124*
Hotel Aida Induruwa *125*
Ayurvedic Health Care Resorts Greystones *126*
Ayurveda Center Lawrence Hill Paradise *128*
Ayurveda Center Maho *129*
Oasis Ayurveda Beach Resort *130*
Sri Lanka Ayurveda Garden *132*
Ayurvedic Village Ranweli *133*
Surya Lanka Ayurveda Beach Resort *134*
Hotel Vattersgarden *136*